D1729130

Lehr- und Handbücher der Betriebswirtschaftslehre

Herausgegeben von
Universitätsprofessor Dr. habil. Hans Corsten

Lieferbare Titel:

Kostenrechnung

Übungen und Fallstudien

von

Dr. Birgit Friedl

o. Universitätsprofessorin für Betriebswirtschaftslehre,
insbesondere Controlling
an der Christian-Albrechts-Universität zu Kiel

sowie

Stephan E. Göthlich

und

Alexander Himme

wissenschaftliche Mitarbeiter am oben genannten Lehrstuhl

Oldenbourg Verlag München Wien

Bibliografische Information der Deutschen Nationalbibliothek

Die Deutsche Nationalbibliothek verzeichnet diese Publikation in der Deutschen
Nationalbibliografie; detaillierte bibliografische Daten sind im Internet über
<http://dnb.d-nb.de> abrufbar.

© 2007 Oldenbourg Wissenschaftsverlag GmbH
Rosenheimer Straße 145, D-81671 München
Telefon: (089) 45051-0
oldenbourg.de

Lektorat: Wirtschafts- und Sozialwissenschaften, wiso@oldenbourg.de
Herstellung: Anna Grosser
Satz: DTP-Vorlagen der Autoren
Coverentwurf: Kochan & Partner, München
Gedruckt auf säure- und chlorfreiem Papier
Gesamtherstellung: Druckhaus „Thomas Müntzer" GmbH, Bad Langensalza

ISBN 978-3-486-58458-5

Vorwort

Die Kostenrechnung stellt eine grundlegende Teildisziplin der Betriebswirtschaftslehre dar. Aufgrund ihrer langen Historie ist sie geprägt durch eine Vielzahl von Definitionen und Verfahrensvarianten. Es ist deshalb für das Verständnis zweckmäßig, Kostenrechnung auch in ihrer Anwendung kennen zu lernen. Daher ist diese Sammlung von Aufgaben und Fallstudien darauf ausgerichtet, über die Bearbeitung verschiedenster Fragestellungen die Inhalte der Kostenrechnung zu durchdringen und zu vertiefen. Sie ist als eine Ergänzung zu dem Lehrbuch *Kostenrechnung* (2004) in dieser Reihe zu sehen, das diese Inhalte ausführlich darstellt. Dementsprechend ist auch der Aufbau und die Notation dieser Sammlung von Aufgaben und Fallstudien an diesem Lehrbuch ausgerichtet. Zusätzlich sind bei inhaltlichen Ausführungen zahlreiche Verweise auf dieses Buch eingefügt worden. Die Aufgaben beziehen sich zum einen auf das Grundgerüst der Kostenrechnung, indem Aufgaben aus dem Bereich des Gegenstandes und der Grundlagen der Kostenrechnung dargestellt werden. Zum anderen sind zahlreiche Aufgaben zu den verschiedenen Systemen der Kostenrechnung und zu Auswertungsrechnungen der Kostenrechnung enthalten.

Dieses Buch richtet sich vor allem an Studierende wirtschaftswissenschaftlicher Studiengänge sowie Aus- und Fortzubildende in der Unternehmungspraxis. Es ist darauf ausgelegt, eine gezielte Vorbereitung auf Prüfungen zu ermöglichen. Die Aufgaben sind aus Klausuren zur propädeutischen Übung „Kosten- und Leistungsrechnung" sowie verschiedener Controlling-Vorlesungen des Hauptstudiums an der Christian-Albrechts-Universität zu Kiel hervorgegangen, die für dieses Buch um ausführlich kommentierte Lösungen ergänzt worden sind.

Auf diesem Wege möchten wir uns bei allen bedanken, die am Entstehen dieses Buches auf die eine oder andere Weise beteiligt waren: Dr. Thomas Andreßen, Raymond Femerling, Dr. Matthias Konle, Ulrike Kopp, Nicole Mankopf, Vera Schürmann und Martin Stahl.

Kiel, April 2007

Birgit Friedl, Stephan E. Göthlich und Alexander Himme

Inhaltsverzeichnis

Teil 1: Aufgaben zum Gegenstand der Kostenrechnung

Aufgabe 1.1: Multiple-Choice-Aufgaben

Geben Sie für die folgenden Behauptungen an, ob diese richtig oder falsch sind, und begründen Sie ihre Antwort kurz.

a) Die Kosten- und Leistungsrechnung verfolgt allein das Ziel, Kosteninformationen für die operative Planung und Steuerung bereitzustellen.

b) Im internen Rechnungswesen gibt es im Gegensatz zum externen Rechnungswesen keine zwingenden gesetzlichen Vorschriften.

c) Die Ermittlung relevanter Kosten dient der nachträglichen Kontrolle der Wirtschaftlichkeit einer getroffenen Entscheidung.

d) Variable Kosten sind immer zugleich auch Kostenträgereinzelkosten.

e) Werden Rohstoffe auf Ziel eingekauft, so handelt es sich um eine Ausgabe, aber um keine Auszahlung.

f) Einkommensteuerzahlungen des Eigentümers einer Unternehmung sind Kosten.

g) Eine Unternehmung bestellt eine Maschine und leistet eine Anzahlung. Diese Anzahlung stellt zugleich eine Auszahlung und eine Ausgabe dar.

h) Ein Barverkauf unfertiger Erzeugnisse, die in derselben Periode hergestellt wurden, ist gleichzeitig ein Ertrag und eine Einnahme.

i) Kalkulatorische Unternehmerlöhne stellen Anderskosten dar.

j) Das Tragfähigkeitsprinzip führt zu einer verursachungsgerechten Kostenverrechnung.

Lösung 1.1: Multiple-Choice-Aufgaben

a) <u>Falsch</u>; weitere Sachziele sind die Dokumentation und Publikation, die Wirtschaftlichkeitskontrolle und die Verhaltensbeeinflussung.

b) <u>Richtig</u>; Adressaten der Informationen des internen Rechnungswesens sind die Entscheidungsträger innerhalb der Unternehmung; gesetzliche Vorschriften wie beim externen Rechnungswesen sind nicht erforderlich, da es im Interesse der Unternehmung liegt, realitätsnahe Informationen zur Entscheidungsunterstützung bereitzustellen.

c) <u>Falsch</u>; relevante Kosten dienen der Entscheidungsunterstützung im Rahmen der operativen Planung und Steuerung.

d) <u>Falsch</u>; variable Kosten können auch Kostenträgergemeinkosten sein (z. B. Stromkosten einer Maschine, die verschiedene Produkte bearbeitet).

e) <u>Richtig</u>; es entsteht eine Verbindlichkeit (Ausgabe), aber es fließt noch kein Geld (keine Auszahlung).

f) <u>Falsch</u>; Einkommenssteuerzahlungen sind keine Kosten, da keine Sachziel-bezogenheit vorliegt.

g) <u>Falsch</u>; es fließt zwar Geld (Auszahlung), aber das Geldvermögen bleibt unverändert, da der Bestand an liquiden Mitteln in dem Ausmaß abnimmt wie der Bestand an Forderungen zunimmt (keine Ausgabe).

h) <u>Richtig</u>; das Gesamtvermögen steigt um den Umsatzerlös (Ertrag) und der Bestand an liquiden Mitteln und damit das Geldvermögen nehmen zu, da keine Forderung aufgebaut wird (Einnahme).

i) <u>Falsch</u>; es handelt sich um Zusatzkosten, da diesen Kosten kein Aufwand gegenübersteht bzw. es sich hier um einen Güterverbrauch handelt, der nur in der Kostenrechnung erfasst wird.

j) <u>Falsch</u>; Kosten werden hier einem Produkt gemäß seiner Tragfähigkeit, die z. B. über den Deckungsbeitrag erfasst wird, zugerechnet; ein Zusammen-hang zwischen dem Produkt und dem Güterverbrauch wird damit nicht her-gestellt.

Aufgabe 1.2: Abgrenzung des Kostenbegriffs

Beantworten Sie folgende Frage kurz und präzise:

Wie sind Kosten definiert? Erläutern Sie <u>kurz</u> die einzelnen Komponenten der Definition.

Lösung 1.2: Abgrenzung des Kostenbegriffs

Vgl. dazu ausführlich Friedl (2004), Abschnitt 1.3.1.1, S. 25 ff.

Kosten umfassen den bewerteten sachzielbezogenen Güterverbrauch einer Periode oder eines Bezugsobjekts.

Komponenten der Definition:

- <u>Güterverbrauch</u>: Verlust an ökonomischer Eignung.
- <u>Sachzielbezogenheit</u>: Nur der Güterverbrauch führt zu Kosten, der mit dem Sachziel der Unternehmung in Zusammenhang steht.
- <u>Bewertung</u>: zielorientierte Zuordnung von Werten zu einem Sachverhalt (pa-gatorische und nicht-pagatorische Preise).

Aufgabe 1.3: Geschäftsvorfälle und Zuordnung der Rechnungsgrößen

a) Geben Sie jeweils <u>ein</u> Beispiel für folgende Sachverhalte an:

- Ausgabe, aber kein Aufwand
- Auszahlung, aber keine Ausgabe
- Aufwand, aber keine Kosten
- Aufwand und gleichzeitig Kosten
- Einnahme und gleichzeitig Ertrag
- Ertrag, aber keine Leistung

b)   In einer Bootswerft treten im Geschäftsjahr 2004 folgende Geschäftsvorfälle auf:

1.   Aufnahme eines betrieblich erforderlichen langfristigen Bankkredites in Höhe von 1,5 Mio. € am 1. März 2004.

2.   Zahlung der ersten Rate des Kredites an die Hausbank am 15. Juli 2004. Die Rate setzt sich aus 50.000 € Tilgung und 5.000 € Zinsen zusammen.

3.   Verkauf einer im letzten Jahr fertig gestellten Luxusyacht am 16. Juli 2004. Der Kaufpreis ist erst Anfang 2005 fällig.

4.   Zahlung einer Parteispende von 15.000 € in bar am 13. April 2004.

Ordnen Sie diese Geschäftsvorfälle den Kategorien Einzahlungen/Auszahlungen, Einnahmen/Ausgaben, Erträge/Aufwendungen und Leistungen/Kosten zu. Begründen Sie <u>kurz</u> Ihre Zuordnung.

Lösung 1.3: Geschäftsvorfälle und Zuordnung der Rechnungsgrößen

Vgl. dazu ausführlich Friedl (2004), Abschnitt 1.1.3, S. 6 ff. und Abschnitt 1.3.2.1, S. 34 ff.

a)   Beispiele für den entsprechenden Sachverhalt:
- <u>Ausgabe, aber kein Aufwand:</u> Zugang von Werkstoffen auf Lager, die erst in der nächsten Periode verbraucht werden.
- <u>Auszahlung, aber keine Ausgabe:</u> geleistete Anzahlung.
- <u>Aufwand, aber keine Kosten:</u> Reparaturen an nicht betriebsnotwendigen Gebäuden.
- <u>Aufwand und gleichzeitig Kosten:</u> Kosten, denen ein Aufwand in gleicher Höhe gegenüber steht (Zweckaufwand, Grundkosten); z. B. Materialverbrauch, Akkordlöhne.
- <u>Einnahme und gleichzeitig Ertrag:</u> Barverkauf der in derselben Periode erstellten Güter.
- <u>Ertrag, aber keine Leistung:</u> Mieteinnahmen aus nicht betriebsnotwendigen Gebäuden.

b)   Zuordnung der Rechnungsgrößen zu den Geschäftsvorfällen:

1. Zugang an liquiden Mitteln (Einzahlung); gleichzeitiger Aufbau einer Verbindlichkeit (keine Einnahme); keine Veränderung des Gesamtvermögens (kein Ertrag); keine Güterentstehung (keine Leistung).

2. Abnahme der liquiden Mittel um 55.000 € (Auszahlung); nur die Zinszahlung in Höhe von 5.000 € vermindert das Geldvermögen und stellt damit eine Ausgabe dar, die 50.000 € Tilgung sind keine Ausgabe, da hier gleichzeitig die Verbindlichkeit abgebaut wird; die Zinsen stellen auch Aufwand dar, da eine Verminderung des Gesamtvermögens um 5.000 € (Aufwand) vorliegt; die Tilgung lässt das Gesamtvermögen unverändert und ist somit auch kein Aufwand; der Kredit ist betriebsnotwendig und damit sachzielbezogen, sodass die Zinszahlung Kosten darstellt; die Tilgung lässt das betriebsnotwendige Vermögen unverändert (keine Kosten).

3. Zugang an liquiden Mitteln erfolgt erst 2005 (keine Einzahlung); es wird eine Forderung aufgebaut, sodass das Geldvermögen steigt (Einnahme); Gesamtvermögensveränderung erfolgte bereits im Vorjahr (kein Ertrag); ebenso gilt auch hier, dass die Güterentstehung bereits im Vorjahr erbracht worden ist (keine Leistung).

4. Abnahme der liquiden Mittel (Auszahlung); Abnahme des Geldvermögens (Ausgabe); Abnahme des Gesamtvermögens (Aufwand); Sachzielbezogenheit der Parteispende ist nicht gegeben (keine Kosten).

Teil 2: Aufgaben zu den Grundlagen der Kostenrechnung

2 Aufgaben zur Kostenartenrechnung

Aufgabe 2.1: Multiple-Choice-Aufgaben

Geben Sie für die folgenden Behauptungen an, ob diese richtig oder falsch sind, und begründen Sie ihre Antwort kurz.

a) Bei der Skontrationsmethode kann der erfasste Materialverbrauch direkt den verbrauchenden Kostenstellen zugeordnet werden.

b) Bei steigenden Preisen führt das FIFO-Verfahren zu geringeren Materialkosten als das LIFO-Verfahren.

c) Wird das Arbeitsentgelt in Form eines Zeitlohns bezahlt, so handelt es sich dabei um Kostenträgergemeinkosten.

d) Personalkosten stellen immer Kostenträgereinzelkosten dar.

e) Die geometrisch-degressive Abschreibungsmethode führt nie zu einem Restbuchwert von Null.

f) Bei der Leistungsabschreibung besteht ein Problem in der Schätzung der Nutzungsjahre.

g) Die Bemessung der kalkulatorischen Zinsen hängt hauptsächlich vom Verschuldungsgrad einer Unternehmung ab.

h) Die Wahl des Verbrauchsfolgeverfahrens beeinflusst mittelbar die Höhe der kalkulatorischen Zinsen.

i) Das Risiko einer Nachfrageverschiebung auf dem Absatzmarkt muss in der Kostenrechnung durch den Ansatz von Wagniskosten berücksichtigt werden.

j) Die Erfassung des kalkulatorischen Unternehmerlohns orientiert sich bei einer Aktiengesellschaft am Gehalt vergleichbarer Angestellter in Personengesellschaften.

Lösung 2.1: Multiple-Choice-Aufgaben

a) <u>Richtig</u>; auf den Materialentnahmescheinen sind die Kostenstellen eingetragen, die Material aus dem Lager entnehmen.

b) <u>Richtig</u>; weil beim FIFO-Verfahren zuerst die früher beschafften Mengen mit den niedrigeren Preisen für die Bewertung der Materialverbräuche herangezogen werden.

c)   Richtig; beim Zeitlohn wird die Anwesenheit entlohnt; ein direkter Bezug zum Kostenträger ist damit nicht gegeben.

d)   Falsch; Personalkosten setzen sich aus Fertigungslöhnen, Hilfslöhnen, Gehältern, Sozialkosten und sonstigen Personalkosten zusammen; nur die Fertigungslöhne werden dabei in der Regel als Kostenträgereinzelkosten betrachtet, da sie direkt bei den Kostenträgern erfasst werden können.

e)   Richtig; bei der geometrisch-degressiven Abschreibung wird mit Hilfe eines Prozentsatzes, der sich immer auf den Buchwert der Vorperiode bezieht, abgeschrieben, sodass ein Restbuchwert von Null nicht erreicht werden kann.

f)   Falsch; die Nutzungsjahre haben hier keinen Einfluss auf die Abschreibungen; die Schätzung des Nutzungsvorrats ist das Problem.

g)   Falsch; kalkulatorische Zinsen werden unabhängig von der Finanzierungsstruktur angesetzt und beziehen sich auf das betriebsnotwendige Kapital.

h)   Richtig; die Wahl des Verbrauchsfolgeverfahrens beeinflusst die Bestandsbewertung und damit die Ermittlung des betriebsnotwendigen Umlaufvermögens bzw. Kapitals.

i)   Falsch; das Risiko einer Nachfrageverschiebung gehört zum allgemeinen Unternehmerrisiko, ist aus dem Gewinn zu decken und begründet somit keine Kostenart.

j)   Falsch; der kalkulatorische Unternehmerlohn wird nur in Einzelunternehmungen oder Personengesellschaften angesetzt, nicht aber in Kapitalgesellschaften.

Aufgabe 2.2: Erfassung von Materialkosten (1)

a) Erläutern Sie kurz die Unterschiede zwischen den verschiedenen Verfahren zur Erfassung des mengenmäßigen Materialverbrauchs.

b) Sie betrachten eine Schneiderei. Erläutern Sie an diesem Beispiel kurz die Begriffe des vermeidbaren und des unvermeidbaren Abfalls.

c) Führen Sie eine Materialrechnung nach dem Verfahren der Skontration durch. Ermitteln Sie den Endbestand und den Verbrauch. Bewerten Sie den Endbestand und den Verbrauch nach dem Periodendurchschnittsverfahren. Folgende Informationen sind Ihnen bekannt:

Anfangsbestand: 205 m² Stoff zu einem Preis pro m² von 3,80 €

128 m² Stoff zu einem Preis pro m² von 4,05 €

Lieferantenrechnungen:

Datum	Liefermenge	Preis pro m²	Preisnachlass für die Lieferung
12.01.06	210 m²	3,92 €	keinen
14.01.06	620 m²	4,20 €	10 % pro m²
22.01.06	432 m²	4,40 €	60,00 €

Materialentnahmescheine:

Datum	Entnahmemenge
02.01.06	146 m²
08.01.06	120 m²
20.01.06	590 m²
28.01.06	180 m²

Zudem teilt Ihnen der Leiter des Stofflagers mit, dass er am 21.01.06 wegen mangelhafter Qualität 30 m² vernichten musste. Für diesen Vorgang wurde aber kein Materialentnahmeschein ausgestellt.

d) Nehmen Sie an, dass die Berechnung nach dem retrograden Verfahren einen höheren Verbrauch ausweist als bei der durchgeführten körperlichen Inventur. Wie kann dieser Unterschied erklärt werden? Nennen Sie vier mögliche Gründe!

Würden Sie einer Bestrafung der in der Produktion tätigen Mitarbeiter zustimmen? Erläutern Sie kurz Ihre Meinung.

Lösung 2.2: Erfassung von Materialkosten (1)

a) *Vgl. dazu ausführlich Friedl (2004), Abschnitt 3.1.2, S. 90 ff.*

- Befundrechnung (Inventurverfahren)
  - Feststellung des Endbestandes durch körperliche Inventur
  - Verbrauch ist Summe von Anfangsbestand und Zugängen abzüglich des Inventur-Istbestandes
- Skontration (Fortschreibung)
  - Erfassung des Istverbrauchs durch Addition der Entnahmemengen laut Materialentnahmeschein

- Endbestand ist die Summe von Anfangsbestand und Zugängen abzüglich des Istverbrauchs

- Rückrechnung (retrograde Rechnung)
    - Feststellung des Soll-Verbrauchs über Verbrauchskoeffizienten unter Berücksichtigung von Abfall und Ausschuss
    - Bestand kann nur durch Inventur oder Skontration festgestellt werden

b) Unvermeidbarer und vermeidbarer Abfall am Beispiel einer Schneiderei:

- Unvermeidbarer Abfall
    - Derjenige Teil des verwendeten Materials, der durch die technischen Gegebenheit als Abfall anfallen muss.
    - Beispiel: Durch Maße der Stoffbahnen und Schnittmuster bedingter Verschnitt

- Vermeidbarer Abfall
    - Derjenige Teil des verwendeten Materials, der über den Anteil des unvermeidbaren Abfalls hinaus als Abfall anfällt.
    - Beispiel: Verschnitt durch unkonzentrierte Arbeit.

c) Durchführung einer Materialrechnung:

- 1. Schritt: Bestimmung des Periodendurchschnittspreises:

Datum	Vorgang	Menge in m²	Preis in €	Wert in €
01.01.06	Anfangsbestand	205	3,80	779,00
01.01.06	Anfangsbestand	128	4,05	518,40
12.01.06	Zugang	210	3,92	823,20
14.01.06	Zugang	620	3,78[1]	2.343,60
22.01.06	Zugang	432	4,40	1.840,80[2]
Summe		1.595		6.305,00

$$\text{Periodendurchschnitt:} \quad \frac{6.305,00\ €}{1.595\ m^2} = 3,95\ €/m^2$$

1) Preisnachlass von 10 % pro m² ist zu berücksichtigen.

2) Preisnachlass von 60 € ist zu berücksichtigen.

- 2. Schritt: Verbrauchsrechnung:

Datum und Vorfall	Menge in m²
02.01. Materialentnahme	146
+ 08.01. Materialentnahme	120
+ 20.01. Materialentnahme	590
+ 21.01. Abfall	30
+ 28.01. Materialentnahme	180
= Gesamtverbrauch	1.066

- 3. Schritt: Bestandsrechnung:

Datum und Vorfall	Menge in m²	Lagerbestand in m²
Anfangsbestand	205	205
+ Anfangsbestand	128	333
+ 12.01. Lieferung	210	543
+ 14.01. Lieferung	620	1.163
+ 22.01. Lieferung	432	1.595
− Gesamtverbrauch	1.066	**529 (Endbestand)**

- 4. Schritt: Bewertung:

Bewerteter Gesamtverbrauch: $1.066 \text{ m}^2 \cdot 3,95 \text{ €/m}^2 = 4.210,70 \text{ €}$

Bewerteter Lagerbestand: $529 \text{ m}^2 \cdot 3,95 \text{ €/m}^2 = 2.089,55 \text{ €}$

d) Erklärungen für einen höheren Soll-Verbrauch (retrograde Rechnung) im Vergleich zum Istverbrauch (Inventur):
- technische Erklärung
  - Fehler im Verbrauchskoeffizienten (zu hoch)
  - Fehler im Abfall-/Ausschusszuschlag (zu hoch)
  - Erfassungsfehler bei der Ausbringungsmenge (zu hoch)
  - Schlamperei bei der Inventur (zu wenig gemessen)
- realwirtschaftliche Erklärung
  - Verbesserung in der Produktion
  - Lerneffekte

Bestrafung der Mitarbeiter:

Die Mitarbeiter arbeiten mit einem geringeren Verbrauch als dem Sollverbrauch. Besondere Anstrengungen zum wirtschaftlichen Arbeiten könnten eine Erklärung dafür sein. Eine Bestrafung der Mitarbeiter ist in dieser Situation nicht sinnvoll. Stattdessen sollte über eine Belohnung nachgedacht werden.

Aufgabe 2.3: Erfassung von Materialkosten (2)

Als Praktikant in der Kostenstelle „Material" der Lindner Schokoladenfabrik sind Sie beauftragt worden, für den März 2006 die Materialrechnung hinsichtlich des Verbrauchs an Kakaobohnen zu übernehmen.

a) Führen Sie zu diesem Anlass das Inventurverfahren und die Skontrationsmethode durch. Erläutern Sie Ihr Vorgehen kurz. Folgende Angaben stehen Ihnen zur Verfügung:

Vorgang	Datum	Menge	Einkaufspreis
Anfangsbestand	01. März 2006	120 kg	17,80 €/kg
		130 kg	18,10 €/kg
Zugang lt. Beleg	03. März 2006	800 kg	18,35 €/kg
Abgang lt. Beleg	04. März 2006	450 kg	
Abgang lt. Beleg	10. März 2006	125 kg	
Zugang lt. Beleg	15. März 2006	300 kg	19,50 €/kg
Abgang lt. Beleg	17. März 2006	630 kg	
Zugang lt. Beleg	25. März 2006	495 kg	20,05 €/kg
Endbestand lt. Inventur	31. März 2006	600 kg	

b) Vergleichen und interpretieren Sie die Ergebnisse aus a).

c) Beurteilen Sie das Inventurverfahren und die Skontrationsmethode hinsichtlich ihrer Eignung, den Materialverbrauch auf die Kostenstellen zu verrechnen. Begründen Sie Ihre Antwort kurz!

d) Betrachten Sie die Entwicklung der Marktpreise in der Tabelle. Sie wollen angesichts der Preisentwicklung möglichst geringe Materialkosten ausweisen. Welches Verbrauchsfolgeverfahren zur Bewertung des Materialverbrauchs sollten Sie demnach wählen? Begründen Sie ihre Antwort kurz!

e) Führen Sie das permanente FIFO-Verfahren unter Verwendung der Angaben aus Teilaufgabe a) durch. Geben Sie sowohl den Wert des gesamten Materialverbrauchs als auch des Endbestandes an.

Lösung 2.3: Erfassung von Materialkosten (2)

a) *Vgl. dazu ausführlich Friedl (2004), Abschnitt 3.1.2, S. 90 ff.*

Inventurmethode: Der Endbestand des Materials wird über eine Inventur bestimmt. Unter Berücksichtigung der Materialzugänge ergibt sich der Verbrauch dann als Anfangsbestand zuzüglich der Zugänge abzüglich des Endbestands laut Inventur. Daher ergibt sich hier der Verbrauch wie folgt:

$$\text{Verbrauch laut Inventur} = \underbrace{250 \text{ kg}}_{\substack{\text{Anfangs-}\\\text{bestand}}} + \underbrace{(800 \text{ kg} + 300 \text{ kg} + 495 \text{ kg})}_{\text{Zugänge}} - \underbrace{600 \text{ kg}}_{\text{Endbestand}}$$

$$= 1.245 \text{ kg}$$

Skontrationsmethode: Bestimmung der Verbrauchsmengen aus der Summe der auf den Materialentnahmescheinen festgehaltenen Verbrauchsmengen. Daher ergibt sich hier der Verbrauch wie folgt:

$$\text{Verbrauch laut Skontration} = 450 \text{ kg} + 125 \text{ kg} + 630 \text{ kg} = 1.205 \text{ kg}$$

b) Der Verbrauch laut Inventur liegt um 40 kg über dem belegmäßig erfassten Verbrauch laut Skontration. Demnach liegt hier ein außerordentlicher Materialverbrauch, z. B. durch Schwund, Diebstahl etc. vor.

c) Die Skontrationsmethode ist ideal dafür geeignet, den Materialverbrauch auf die Kostenstellen zu verrechnen, da die Kostenstellen auf den Materialentnahmescheinen verzeichnet werden.

Die Inventurmethode ist dagegen für eine Verrechnung des Materialverbrauchs vollkommen ungeeignet. Der Verbrauch ergibt sich als Residualgröße aus Anfangsbestand, Zugängen und Endbestand und erlaubt daher keine Zuordnung des Materialverbrauchs zu Kostenstellen.

d) Es sollte das FIFO-Verfahren angewendet werden. Bei Verwendung des FIFO-Verfahrens wird angenommen, dass die zuerst gekauften Materialien auch zuerst aus dem Lager entnommen werden. Da hier ein kontinuierlicher Preisanstieg vorliegt, führt das FIFO-Verfahren dann zu geringen Materialkosten (bei einem relativ hoch bewerteten Endbestand)

e) *Vgl. dazu ausführlich Friedl (2004), Abschnitt 3.1.3, S. 96 ff.*

Durchführung des permanenten FIFO-Verfahrens:

Datum	Menge	Marktpreis	Wert
04. März 2006	120 kg	17,80 €/kg	2.136,00 €
	130 kg	18,10 €/kg	2.353,00 €
	200 kg	18,35 €/kg	3.670,00 €
	450 kg		*8.159,00 €*
10. März 2006	125 kg	18,35 €/kg	*2.293,75 €*
17. März 2006	475 kg	18,35 €/kg	8.716,25 €
	155 kg	19,50 €/kg	3.022,50 €
	630 kg		*11.738,75 €*
März 2006 (Materialverbrauch gesamt)	*8.159,00 € + 2.293,75 € + 11.738,75 € =* **22.191,50 €**		
31. März 2006 (Endbestand)	145 kg	19,50 €/kg	2.827,50 €
	495 kg	20,05 €/kg	9.924,75 €
	640 kg		**12.752,25 €**

Aufgabe 2.4: Abgrenzung kalkulatorischer Abschreibungen

a) Beantworten Sie folgende Fragen möglichst kurz und präzise:

    1. Was versteht man allgemein unter einer kalkulatorischen Abschreibung?

    2. Kennzeichnen Sie zwei Ursachen für einen Werteverzehr, der durch planmäßige Abschreibungen erfasst wird.

    3. Welches Abschreibungsverfahren empfehlen Sie für die in 2. genannten Ursachen? Begründen Sie Ihre Empfehlung!

b) Sowohl in der Bilanzrechnung als auch in der Kostenrechnung werden Abschreibungen vorgenommen.

    1. Welche Ziele liegen dabei dem jeweiligen Rechnungsansatz zugrunde?

    2. Nennen und erläutern Sie zwei weitere Unterschiede bei der Behandlung von Abschreibungen in der Kostenrechnung und in der Bilanzrechnung.

Lösung 2.4: Abgrenzung kalkulatorischer Abschreibungen

a) *Vgl. dazu ausführlich Friedl (2004), Abschnitt 3.3.1, S. 107 ff.*

1. Kalkulatorische Abschreibungen sind die in der Kostenartenrechnung erfasste planmäßige vorhersehbare periodische Wertminderung abnutzbarer Anlagegüter, die laufend dem Sachziel der Unternehmung dienen.

2. Natürlicher Verschleiß, Gebrauchsverschleiß, Fristablauf oder auch die wirtschaftliche Überholung können Ursachen für einen Werteverzehr sein, der durch planmäßige Abschreibungen erfasst wird.

3. Das lineare Abschreibungsverfahren eignet sich insbesondere bei Wertminderungen durch natürlichen Verschleiß, wirtschaftliche Überholung (wenn ein gleichmäßiger Wertverlust über die Perioden hinweg unterstellt wird) oder Fristablauf. Unterstellt man eine konstante Beschäftigung, eignet es sich auch für die Erfassung des Gebrauchverschleißes. Die degressiven Abschreibungsverfahren eignen sich dann, wenn der Wert des Anlagegutes in den ersten Jahren der Nutzung stärker sinkt als in späteren Jahren. Dies kann beispielsweise aufgrund wirtschaftlicher Überholung der Fall sein. Abschließend findet die Leistungsabschreibung bei Gebrauchsverschleiß Anwendung, vorausgesetzt der Leistungsvorrat des Anlagegutes sowie die Leistungsentnahme können gemessen werden.

b) Abschreibungen in der Bilanz- und Kostenrechnung

1. Ziele des jeweiligen Rechnungsansatzes:
   - Bilanzrechnung (Handelsrecht): Verteilung der Anschaffungs- bzw. Herstellungskosten über die Jahre der Nutzung
   - Kostenrechnung: Möglichst genaue Erfassung des Betriebsmittelverzehrs einer Periode; zusätzlich sollen die „verdienten" kalkulatorischen Abschreibungen sicherstellen, dass die eingesetzten Betriebsmittel im Sinne einer Sachkapital- oder Substanzerhaltung wiederbeschafft werden können und der Prozess der Leistungserstellung in der Zukunft auch bei steigenden Beschaffungspreisen der Anlagegüter fortgeführt werden kann.

2. Unterschiede bei der Behandlung von Abschreibungen bei der Bilanz- und Kostenrechnung:
   - Abschreibungsdauer:
     - Bilanzrechnung (Handelsrecht): Die Nutzungsdauer ist in der Regel durch handels- bzw. steuerrechtliche Vorschriften festgelegt.
     - Kostenrechnung: Es wird die (geschätzte) Nutzungsdauer zugrunde gelegt.

- Abschreibungsbetrag:
  - Bilanzrechnung (Handelsrecht): Anschaffungs- bzw. Herstellungskosten.
  - Kostenrechnung: Anschaffungs-/Herstellkosten oder Wiederbeschaffungswert.
- Abschreibungsverfahren:
  - Bilanzrechnung (Handelsrecht): Handels- und steuerrechtliche Vorschriften geben das Abschreibungsverfahren vor.
  - Kostenrechnung: Die Wahl des Verfahrens ist abhängig vom Entscheidungs- bzw. Kontrollzweck und wird durch die Abschreibungsursache determiniert.

Aufgabe 2.5: Erfassung kalkulatorischer Abschreibungen

a) Im Januar 2002 wird in einer Unternehmung eine Maschine für 160.000 € angeschafft. Die geplante Nutzungsdauer beträgt sechs Jahre. Die Maschine soll auf einen Restwert von 10.000 € abgeschrieben werden. Aus Erfahrungswerten ist bekannt, dass die Maschine zu 40 % zeitlich bedingtem Verschleiß und zu 60 % nutzungsbedingtem Verschleiß unterliegt. Der zeitlich bedingte Verschleiß soll über eine lineare Abschreibung erfasst werden. Die Gesamtleistung der Maschine beträgt 200.000 LE. Die Nutzungen je Periode betragen ausgehend vom ersten Jahr 25.000 LE, 40.000 LE, 35.000 LE, 20.000 LE, 45.000 LE und 35.000 LE. Ermitteln Sie die Abschreibungsbeträge und Restbuchwerte je Periode über die gesamte Nutzungsdauer.

b) Nach Ablauf von drei Jahren wird deutlich, dass sich die Nutzungsdauer der Maschine wegen guter Pflege um zwei Jahre verlängert. Wie sollte sich das Unternehmen in Bezug auf diese Zusatzinformation verhalten? Berechnen Sie gegebenenfalls die Abschreibungsbeträge neu. Benutzen Sie dafür folgende Angaben: die Gesamtleistung erhöht sich um 50.000 LE, diese teilt sich gleichmäßig auf das siebte und achte Jahr auf.

Lösung 2.5: Erfassung kalkulatorischer Abschreibungen

Vgl. dazu ausführlich Friedl (2004), Abschnitt 3.3.1.3, S. 113 ff.

a) Anwendung der gebrochenen Abschreibung (lineare und leistungsabhängige Abschreibung):

- 1.Schritt: Bestimmung und Aufteilung der Abschreibungssumme:

  Bestimmung der Abschreibungssumme:

  $A - R_T = 160.000 \, € - 10.000 \, € = 150.000 \, €$

  Aufteilung der Abschreibungssumme:

  $0,6 \cdot 150.000 \, € = 90.000 \, €$ (Abschreibungssumme für die leistungs-abhängige Abschreibung)

  $0,4 \cdot 150.000 \, € = 60.000 \, €$ (Abschreibungssumme für die lineare Abschreibung)

- 2.Schritt: Aufstellung des Abschreibungsplans:

Jahr	Lineare Abschreibung[1]	Leistungsabhängige Abschreibung[2]	Summe der Abschreibungsbeträge	Restbuchwerte
2002	10.000 €	11.250 €	21.250 €	138.750 €
2003	10.000 €	18.000 €	28.000 €	110.750 €
2004	10.000 €	15.750 €	25.750 €	85.000 €
2005	10.000 €	9.000 €	19.000 €	66.000 €
2006	10.000 €	20.250 €	30.250 €	35.750 €
2007	10.000 €	15.750 €	25.750 €	10.000 €
Σ	60.000 €	90.000 €	150.000 €	

1) Lineare Abschreibung: $a_t = \dfrac{60.000 \, €}{6 \, \text{Jahre}} = 10.000 \, €/\text{Jahr}$

2) Abschreibungsbetrag pro Produkteinheit: $\dfrac{90.000 \, €}{200.000 \, \text{LE}} = 0,45 \, €/\text{LE}$

Der Abschreibungsbetrag im Jahr 2002 ergibt sich dementsprechend aus:
$0,45 \, €/\text{LE} \cdot 25.000 \, \text{LE} = 11.250 \, €$.

b) Berücksichtigung der neuen Informationen:

Ziel der Kostenrechnung ist es, den betriebsbedingten Werteverzehr zu erfassen. Daher sollte ab 2005 die Abschreibung auf der Basis der neuen Informationen erfolgen. Eine Änderung an den Abschreibungen bis zum Jahr 2004 kann nicht mehr erfolgen.

Neuer Abschreibungsplan:

Jahr	Lineare Abschreibung[1]	Leistungsabhängige Abschreibung[2]	Summe der Abschreibungsbeträge	Restbuchwerte
2002	10.000 €	11.250 €	21.250 €	138.750 €
2003	10.000 €	18.000 €	28.000 €	110.750 €
2004	10.000 €	15.750 €	25.750 €	85.000 €
2005	7.500 €	7.200 €	14.700 €	70.300 €
2006	7.500 €	16.200 €	23.700 €	46.600 €
2007	7.500 €	12.600 €	20.100 €	26.500 €
2008	7.500 €	9.000 €	16.500 €	10.000 €
2009	7.500 €	9.000 €	16.500 €	$-6.500\,€ \equiv 0\,€$
Σ	67.500 €	99.000 €	166.500 €	

1) Lineare Abschreibung bei einer Nutzungsdauer von 8 Jahren:

$$a_t = \frac{60.000\,€}{8\,\text{Jahre}} = 7.500\,€/\text{Jahr}$$

2) Abschreibungsbetrag pro Produkteinheit bei neuer Gesamtleistung:

$$\frac{90.000\,€}{250.000\,\text{LE}} = 0,36\,€/\text{LE}$$

Der Abschreibungsbetrag im Jahr 2005 ergibt sich dementsprechend aus:
0,36 €/LE · 20.000 LE = 7.200 €.

Aufgabe 2.6: Erfassung kalkulatorischer Abschreibungen und Zinsen

a) Warum werden in der Kostenrechnung kalkulatorische Zinsen angesetzt?

b) Nennen Sie Beispiele für die Position des „nicht ausgewiesenen, betriebsnotwendigen Anlagevermögens" im Berechnungsschema zur Ermittlung des betriebsnotwendigen Kapitals!

c) Eine mittelständige Unternehmung ermittelt für das Jahr 2004 ihr betriebsnot-
wendiges Kapital. Folgende Daten wurden hierfür bestimmt:

Daten	Restwerte im Jahr 2004
Gebäude	2.000.000 €
Grundstücke	800.000 €
Betriebs- und Geschäftsausstattung	noch unbekannt
Fuhrpark	noch unbekannt
Lagerbestand Fertigfabrikate	1.000.000 €
Lagerbestand Halbfertigfabrikate	30.000 €
Fördergelder der EU (Kredite)	150.000 €
→ davon zinslos	100.000 €
Anzahlungen von Kunden	43.300 €

Zudem sind Ihnen folgende Informationen bekannt:

- Die Betriebs- und Geschäftsausstattung hatte am Ende des Jahres 2003 einen
Wert von 720.000 €. Die Anschaffungskosten betrugen 960.000 € und werden linear über 12 Jahre abgeschrieben.

- Der Fuhrpark besteht aus einem LKW, welcher vor 5 Jahren angeschafft wurde. Der damalige Kaufpreis betrug 81.000 €. Der LKW wird nach Leistungseinheiten (gefahrene Kilometer) abgeschrieben. Es wurde eine Gesamtfahr-
leistung von 300.000 km angenommen. Bis zum Ende des Jahres 2003 wurden mit dem LKW 160.000 km gefahren. Im Jahr 2004 wurden 30.000 km
gefahren.

- Der Kalkulationszinssatz beträgt 8 %.

1. Ermitteln Sie die Restwerte der Positionen „Betriebs- und Geschäftsausstattung" und „Fuhrpark" im Jahr 2004.

2. Bestimmen Sie die kalkulatorischen Zinsen der Unternehmung unter Verwendung der Restwertmethode.

Lösung 2.6: Erfassung kalkulatorischer Zinsen

Vgl. dazu ausführlich Friedl (2004), Abschnitt 3.3.2, S. 129 ff.

a) Begründung für den Ansatz kalkulatorischer Zinsen:

- Ein Grund ist darin zu sehen, dass kalkulatorische Zinsen den Charakter von Opportunitätskosten haben, da das gebundene Kapital nicht mehr für andere Nutzungsmöglichkeiten zur Verfügung steht.

- Ein weiterer Grund besteht darin, dass tatsächlich gezahlte Fremdkapitalzinsen in der Kostenrechnung nicht erfasst werden sollten, da diese von der Kapitalstruktur des jeweiligen Unternehmens abhängig sind.

b) Beispiele für die Position des „nicht ausgewiesenen, betriebsnotwendigen Anlagevermögens":

Typisches Beispiel sind hier unentgeltlich zur Verfügung gestellte Anlagegüter oder selbsterstellte Software/Patente, die im Unternehmen genutzt werden. Letztere sind aufgrund des Aktivierungsverbots für originäres immaterielles Anlagevermögen (§ 248, Abs. 2 HGB) nicht ausgewiesen, jedoch betriebsnotwendig.

c) 1. Ermittlung der Restwerte:

- Betriebs- und Geschäftsausstattung:

Anschaffungskosten:	960.000 €
Abschreibung pro Jahr (linear):	$\dfrac{960.000 \, €}{12 \, \text{Jahre}} = 80.000 \, €/\text{Jahr}$
Wert Ende 2003:	720.000 €
Wert Ende 2004:	720.000 € – 80.000 € = 640.000 €

- Fuhrpark:

Abschreibungssatz (Leistungsabschreibung):	$\dfrac{81.000 \, €}{300.000 \, \text{km}} = 0{,}27 \, €/\text{km}$
Restbuchwert Ende 2003:	81.000 € – 0,27 €/km · 160.000 km = 37.800 €
Restbuchwert Ende 2004:	37.800 € – 0,27 €/km · 30.000 km = 29.700 €

2. Bestimmung der kalkulatorischen Zinsen unter Verwendung der Restwertmethode:

- Restwertmethode bei der Betriebs- und Geschäftsausstattung:

  $dRW_t = 0,5 \cdot (720.000 € + 640.000 €) = 680.000 €$

- Restwertmethode beim Fuhrpark:

  $dRW_t = 0,5 \cdot (37.800 € + 29.700 €) = 33.750 €$

- Bestimmung des betriebsnotwendigen Kapitals:

	Gebäude	2.000.000 €
+	Grundstücke	800.000 €
+	Betriebs- und Geschäftsausstattung	680.000 €
+	Fuhrpark	33.750 €
+	Fertigfabrikate	1.000.000 €
+	Halbfertigfabrikate	30.000 €
−	Zinslose Fördergelder[1]	− 100.000 €
−	Anzahlungen[1]	− 43.300 €
	Betriebsnotwendiges Kapital	4.400.450 €

1) Diese Positionen sind als Abzugskapital anzusehen.

- Bestimmung der kalkulatorischen Zinsen:

  $4.400.450 € \cdot 0,08 = \underline{352.036 €}$

Aufgabe 2.7: Erfassung kalkulatorischer Abschreibungen und Zinsen

a) Ein Unternehmen kauft eine Maschine zu 230.000 € und kann sie nach 5 Perioden wieder zu 20.000 € verkaufen. 70 % sollen arithmetisch-degressiv (digital) und 30 % leistungsbezogen abgeschrieben werden. Die Maschine wird in den Perioden im Verhältnis 3:1:1:1:1 genutzt. Stellen Sie den Abschreibungsplan anhand einer Tabelle mit den folgenden Spalten dar:

Periode	Rest-buchwert alt	Abschreibungsbetrag nach digitaler Abschreibung	Abschreibungsbetrag nach Leistung	Rest-buchwert neu
⋮	⋮	⋮	⋮	⋮

b) Wie hoch sind die kalkulatorischen Zinsen, die während der geplanten Nutzungsdauer in der Kostenrechnung nach der Restwertmethode und der Durchschnittsmethode auf Basis der Daten aus Aufgabe a) anzusetzen sind, wenn der Zinssatz
11 % beträgt? Geben Sie sowohl die Werte für jede Periode als auch die Summe
der angesetzten Zinskosten an.

Lösung 2.7: Erfassung kalkulatorischer Abschreibungen und kalkulatorischer Zinsen

*Vgl. dazu ausführlich Friedl (2004), Abschnitt 3.3.1.3, S. 113 ff. und Abschnitt 3.3.2,
S. 129 ff.*

a) Erstellung des Abschreibungsplans:

- Bestimmung der Abschreibungssumme:

  $$230.000 \, € - 20.000 \, € = 210.000 \, €$$

- Aufteilung der Abschreibungssumme:

  - Digitale Abschreibung:

    Abschreibungssumme $= 0,7 \cdot 210.000 \, € = 147.000 \, €$

    $$(\Rightarrow \text{Differenzbetrag} = \frac{147.000 \, €}{1+2+3+4+5} = 9.800 \, €)$$

  - leistungsbezogene Abschreibung:

    Abschreibungssumme $= 0,3 \cdot 210.000 \, € = 63.000 \, €$

    $$(\Rightarrow \text{Abschreibungsbetrag pro Anteil} = \frac{63.000 \, €}{3+1+1+1+1} = 9.000 \, €)$$

Peri-ode	Restbuch-wert alt	Abschreibungsbetrag nach digitaler Abschreibung	Abschreibungsbetrag nach Leistung	Restbuch-wert neu
1	230.000 €	9.800 € · 5 = 49.000 €	9.000 € · 3 = 27.000 €	154.000 €
2	154.000 €	9.800 € · 4 = 39.200 €	9.000 € · 1 = 9.000 €	105.800 €
3	105.800 €	9.800 € · 3 = 29.400 €	9.000 € · 1 = 9.000 €	67.400 €
4	67.400 €	9.800 € · 2 = 19.600 €	9.000 € · 1 = 9.000 €	38.800 €
5	38.800 €	9.800 € · 1 = 9.800 €	9.000 € · 1 = 9.000 €	20.000 €

b) Bestimmung der kalkulatorischen Zinsen:

Periode	R_{t-1}	R_t	Durchschnittl. Restwert in t	Kalk. Zinsen gemäß Rest-wertmethode	Kalk. Zinsen gemäß Durch-schnitts-methode
1	230.000 €	154.000 €	192.000 €	21.120 €	13.750 €[1]
2	154.000 €	105.800 €	129.900 €	14.289 €	13.750 €
3	105.800 €	67.400 €	86.600 €	9.526 €	13.750 €
4	67.400 €	38.800 €	53.100 €	5.841 €	13.750 €
5	38.800 €	20.000 €	29.400 €	3.234 €	13.750 €
Summe				54.010 €	68.750 €

1) Kalkulatorische Zinsen gemäß der Durchschnittsmethode:

$$0{,}11 \cdot \frac{230.000\,€ + 20.000\,€}{2} = 13.750\,€$$

Aufgabe 2.8: Abgrenzung kalkulatorischer Wagnisse

a) Was versteht man unter kalkulatorischen Wagnissen?

b) Warum werden kalkulatorische Wagnisse in der Kostenrechnung berücksichtigt?

c) Nennen und erläutern Sie drei Beispiele für kalkulatorische Wagnisse.

Lösung 2.8: Abgrenzung kalkulatorischer Wagnisse

Vgl. dazu Friedl (2004), Abschnitt 3.3.3, S. 133 ff.

a) Unter kalkulatorischen Wagnissen wird der periodenbezogene Durchschnittswert für den bewerteten sachzielbezogenen Gütermehrverbrauch verstanden, der nach Art und Umfang ungewöhnlich ist und unregelmäßig sowie nicht vorhersehbar anfällt.

b) Eine Berücksichtigung der kalkulatorischen Wagnisse erfolgt, um

- außerordentliche Aufwendungen in durchschnittliche betriebs- und branchen-typische Kostenbeträge zu transformieren;

- zu verhindern, dass die Planungs- und Kontrollfunktion der Kostenrechnung durch diese außerordentlichen Aufwendungen gestört wird;

- einen langfristigen Ausgleich zwischen tatsächlichen Verlusten und kalkulatorischen Wagniskosten zu erzielen (Selbstversicherung).

c)   Beispiele für Einzelwagnisse:

- *Beständewagnis:* Wertminderung bei Stoffen, Halb- und Fertigfabrikaten durch Schwund, Verderb, technischen Fortschritt, Diebstahl, Vernichtung.

- *Anlagewagnis:* Katastrophenverschleiß, d. h. die plötzliche und unvorhersehbare vollständige oder teilweise Vernichtung eines Anlagegutes durch Brand, Wassereinbruch, Unfälle usw.

- *Entwicklungswagnis:* Kosten für fehlgeschlagene Entwicklungsarbeiten.

3   Aufgaben zur Kostenstellenrechnung

Aufgabe 3.1: Multiple-Choice-Aufgaben

Geben Sie für die folgenden Behauptungen an, ob diese richtig oder falsch sind, und begründen Sie ihre Antwort kurz.

a)   Die Kostenstellenrechnung beantwortet die Frage, welche Kosten in der Abrechnungsperiode angefallen sind.

b)   Die aus der Kostenartenrechnung in den Betriebsabrechnungsbogen übernommenen Kosten bezeichnet man als sekundäre Kosten.

c)   Hilfskostenstellen sind immer Vorkostenstellen.

d)   Im Betriebsabrechnungsbogen werden nur Kostenträgergemeinkosten verrechnet.

e)   Kostenträgergemeinkosten können in der Kostenstellenrechnung den Charakter von Kostenstelleneinzelkosten haben.

f)   Das Stufenverfahren (Treppenumlage) ist bei jeder Form der Lieferbeziehung eine exakte Methode zur Überwälzung der Kosten der Vorkostenstellen auf die Endkostenstellen.

g)   Eine Verrechnung von Materialgemeinkosten über die Materialeinzelkosten entspricht dem Tragfähigkeitsprinzip.

Lösung 3.1: Multiple-Choice-Aufgaben

a)   <u>Falsch;</u> die Kostenstellenrechnung beantwortet im Wesentlichen die Frage, wo die Kosten angefallen sind, während die Erfassung der Kosten durch die Kostenartenrechnung erfolgt.

b) <u>Falsch</u>; die in den Betriebsabrechnungsbogen aus der Kostenartenrechnung überführten Kosten werden als primäre Kosten bezeichnet, während sekundäre Kosten für die innerbetrieblichen Leistungen der Kostenstellen anfallen.

c) <u>Falsch</u>; Hilfskostenstellen können auch Endkostenstellen sein (z. B. die Verwaltungskostenstelle).

d) <u>Richtig</u>; der Betriebsabrechnungsbogen ist eine Hilfsrechnung zur Verteilung der Kostenträgergemeinkosten auf die Kostenträger, indem zunächst eine möglichst verursachungsgerechte Zuordnung dieser Kosten auf Kostenstellen erfolgt. Die Kostenträgereinzelkosten können den Kostenträgern sofort verursachungsgerecht zugeordnet werden, sodass sie direkt aus der Kostenartenrechnung in die Kostenträgerrechnung überführt werden.

e) <u>Richtig</u>; es ist vom Bezugsobjekt abhängig, ob Einzel- oder Gemeinkosten vorliegen; die Kostenträgergemeinkosten, die in die Kostenstellenrechnung eingehen, werden dann in Kostenstelleneinzelkosten und Kostenstellengemeinkosten aufgeteilt.

f) <u>Falsch</u>; das Stufenverfahren ist nur dann exakt, wenn es keine wechselseitigen Lieferbeziehungen zwischen den Kostenstellen gibt.

g) <u>Falsch</u>; bei dieser Art der Verrechnung wird über das Proportionalitätsprinzip eine Annäherung an das Verursachungsprinzip angestrebt, während beim Tragfähigkeitsprinzip z. B. über Deckungsbeiträge geschlüsselt wird.

Aufgabe 3.2: Allgemeines zur Kostenstellenrechnung und Durchführung des Stufenverfahrens

a) Nennen und erläutern sie <u>kurz</u> die Funktionen der Kostenstellenrechnung.

b) Erläutern Sie den Unterschied der Begriffspaare Vor- und Endkostenstellen und Hilfs- und Hauptkostenstellen.

c) Die folgende Tabelle zeigt die Lieferbeziehungen (in Leistungseinheiten LE) zwischen vier Kostenstellen einer Unternehmung sowie die primären Kosten:

Empfangende Kostenstelle / Liefernde Kostenstelle	Vorkostenstelle 1	Vorkostenstelle 2	Endkostenstelle I	Endkostenstelle II
Vorkostenstelle 1	1.500	2.800	25.600	75.000
Vorkostenstelle 2	5.100	2.000	22.000	12.000
Endkostenstelle I	-	-	-	-
Endkostenstelle II	-	-	-	-
primäre Kosten	87.890 €	132.940 €	95.000 €	146.000 €

Führen Sie die innerbetriebliche Leistungsverrechnung mit Hilfe des Stufenverfahrens (Treppenumlage) durch und ermitteln Sie die Gesamtkosten der Endkostenstellen. Wählen Sie dabei die günstigste Reihenfolge. Runden Sie auf zwei
Stellen nach dem Komma!

d) Beurteilen Sie das in Teilaufgabe c) angewendete Verfahren. Schlagen Sie ein alternatives Verfahren der innerbetrieblichen Leistungsverrechnung vor, das die
hier dargestellten Leistungsbeziehungen genauer erfasst.

Lösung 3.2: Allgemeines zur Kostenstellenrechnung und Durchfüh-rung des Stufenverfahrens

a) Funktionen der Kostenstellenrechnung:

Vgl. dazu Friedl (2004), Abschnitt 4.1, S. 140.

- Verrechnungsfunktion: Die Kostenstellenrechnung ist das Bindeglied zwischen der Kostenarten- und Kostenträgerrechnung und dient als Instrument
für eine differenzierte und möglichst verursachungsgerechte Zurechnung der
Kostenträgergemeinkosten auf die Kostenträger. Daher erfolgt hier:

  - Die möglichst verursachungsgerechte Verteilung der Kostenträgergemeinkosten auf die Kostenstellen sowie

  - die Bildung von Zuschlags-/Verrechnungssätzen.

- Kontrollfunktion: Die Kostenstellenrechnung verteilt die Kosten auf die Orte
ihrer Entstehung. Damit kann eine Kontrolle der Wirtschaftlichkeit an den
Stellen erfolgen, an denen die Kosten zu verantworten und zu beeinflussen
sind. D. h. die Kosten bei wirtschaftlichem Aufgabenvollzug (Sollkosten)
können hier geplant und den tatsächlich angefallenen Kosten (Ist-Kosten) ge-
genübergestellt werden.

b) Unterschiede zwischen Vor- und Endkostenstellen sowie Hilfs- und Hauptkostenstellen:

Vgl. dazu ausführlich Friedl (2004), Abschnitt 4.2.2, S. 146 ff.

Die Unterscheidung in Vor- und Endkostenstellen stellt eine rechnungstechnische
Abgrenzung dar: Während Vorkostenstellen ihre Kosten ausschließlich auf andere Vor- oder Endkostenstellen verrechnen, werden die Kosten der Endkostenstellen direkt in die Kostenträgerrechnung übernommen.

Die Unterscheidung in Hilfs- und Hauptkostenstellen basiert auf einer produktionstechnischen Abgrenzung: Hauptkostenstellen sind unmittelbar an der Produktion absatzbestimmter Produkte beteiligt, Hilfskostenstellen wirken hingegen nur
mittelbar an der Produktion mit.

c) Innerbetriebliche Leistungsverrechnung mit Hilfe des Stufenverfahrens:

Vgl. dazu ausführlich Friedl (2004), Abschnitt 4.4.2, S. 156 ff.

- 1. Schritt: Ermittlung der Gesamtleistung der Vorkostenstellen:

  Vorkostenstelle 1:   1.500 LE+ ... + 75.000 LE =   104.900 LE

  Vorkostenstelle 2:   5.100 LE+ ... + 12.000 LE =   41.100 LE

- 2. Schritt: Festlegung der Reihenfolge, in der die Vorkostenstellen verrechnet werden:

  Die Reihenfolge ist so festzulegen, dass die Kostenstelle, die am wenigsten bewertete Leistung empfängt, am Anfang steht. Daher:

  − *Bildung der vorläufigen Verrechnungssätze:*

  Vorkostenstelle 1: $\dfrac{87.890\ €}{104.900\ LE - 1.500\ LE} = 0,85\ €/LE$

  Vorkostenstelle 2: $\dfrac{132.940\ €}{41.100\ LE - 2.000\ LE} = 3,40\ €/LE$

  − *Empfangene bewertete Leistungen:*

  Vorkostenstelle 1 empfängt: 5.100 LE · 3,40 €/LE = 17.340 €

  Vorkostenstelle 2 empfängt: 2.800 LE · 0,85 €/LE =   2.380 €

  Reihenfolge dementsprechend: Vorkostenstelle 2 ⇒ Vorkostenstelle 1

- 3. Schritt: Durchführung des Stufenverfahrens im Betriebsabrechnungsbogen:

Kostenstellen / Kostenarten	Vor-kostenstelle 2	Vor-kostenstelle 1	End-kostenstelle I	End-kostenstelle II
Primäre Kosten	132.940 €	87.890 €	95.000 €	146.000 €
Umlage (1)	↳	(3,40 €/LE· 5.100 LE =)	3,40 €/LE · 22.000 LE =)	(3,40 €/LE· 12.000 LE =)
	− 132.940 €	17.340 €	74.800 €	40.800 €
		105.230 €		
Umlage (2)		↳ 1)	(1,05 €/LE · 25.600 LE =)	(1,05 €/LE · 75.000 LE =)
		− 105.230 €	26.880 €	78.750 €
Gesamtkosten	0 €	0 €	196.680 €	265.550 €

1) Verrechnungssatz Umlage (2):

$$\frac{105.230\ €}{104.900\ LE - 1.500\ LE - 2.800\ LE} = \frac{105.230\ €}{100.600\ LE} = 1,046 \approx 1,05\ €/LE$$

d) Beurteilung des Stufenverfahrens:

 – einfaches Verfahren
 – berücksichtigt nur einseitige Lieferbeziehungen zwischen den Vorkostenstellen; bei wechselseitigen Lieferbeziehungen kommt es zu einem Verrechnungsfehler; die Reihenfolge ist dabei immer so festzulegen, dass dieser Verrechnungsfehler möglichst klein wird (Reihenfolgeproblem)

Alternatives Verfahren:

Das Gleichungsverfahren (exaktes Verfahren, Simultanverfahren) wäre hier ein geeignetes Verfahren zur innerbetrieblichen Leistungsverrechnung, da die wechselseitigen Lieferbeziehungen zwischen den Kostenstellen damit berücksichtigt werden könnten.

Aufgabe 3.3: Durchführung des Stufen- und Gleichungsverfahrens

Für eine Möbelfabrik liegen folgende Informationen über die Leistungsbeziehungen (in Leistungseinheiten LE) und die primären Kosten vor:

Empfangende Kostenstelle \ Liefernde Kostenstelle	Kantine	Haus-meister-dienst	Lackier-werkstatt	End-montage	Insgesamt erbrachte Leistungs-einheiten
Kantine	50	100	240	260	650
Hausmeister-dienst	20	30	150	100	300
Lackierwerkstatt	-	-	50	-	3.800
Endmontage	-	-	-	-	250
primäre Kosten	6.000 €	10.800 €	96.000 €	152.000 €	

a) Erläutern Sie kurz die Begriffe „Hilfskostenstelle" und „Hauptkostenstelle"! Nennen Sie das Kriterium, nach dem Hilfs- und Hauptkostenstellen unterschieden werden. Ordnen Sie die Kostenstellen der Möbelfabrik als Hilfs- bzw. Hauptkostenstellen ein!

b) Führen Sie anhand der oben gegebenen Daten die innerbetriebliche Leistungsverrechnung mit dem Stufenleiterverfahren durch!

c) Ermitteln Sie für die gegebenen Daten mit Hilfe des Gleichungsverfahrens die Kosten der Endkostenstellen!

Lösung 3.3: Durchführung des Stufen- und Gleichungsverfahrens

a) Einordnung der Kostenstellen:

Vgl. dazu ausführlich Friedl (2004), Abschnitt 4.2.2, S. 146 ff.

Die Einteilung in Hilfs- und Hauptkostenstellen erfolgt nach produktionstechnischen Gesichtspunkten. Hauptkostenstellen sind unmittelbar an der Produktion absatzbestimmter Produkte beteiligt, Hilfskostenstellen wirken dagegen nur mittelbar an der Produktion mit. Dementsprechend sind die Kantine und der Hausmeisterdienst als Hilfskostenstellen und die Lackierwerkstatt sowie die Endmontage als Hauptkostenstellen anzusehen. In diesem Fall sind die Hilfskostenstellen auch zugleich Vorkostenstellen und die Hauptkostenstellen zugleich Endkostenstellen.

b) Innerbetriebliche Leistungsverrechnung mit Hilfe des Stufenverfahrens:

Vgl. dazu ausführlich Friedl (2004), Abschnitt 4.4.2, S. 156 ff.

- 1. Schritt: Festlegung der Reihenfolge, in der die Vorkostenstellen verrechnet werden:

Die Reihenfolge ist so festzulegen, dass die Kostenstelle, die am wenigsten bewertete Leistung empfängt, am Anfang steht. Daher:

- *Bildung der vorläufigen Verrechnungssätze:*

Vorkostenstelle „Kantine": $\dfrac{6.000\ €}{650\ LE - 50\ LE} = 10\ €/LE$

Vorkostenstelle „Hausmeister": $\dfrac{10.800\ €}{300\ LE - 30\ LE} = 40\ €/LE$

- *Empfangene bewertete Leistungen:*

Vorkostenstelle „Kantine" empfängt: $20\ LE \cdot 40\ €/LE = 800\ €$

Vorkostenstelle „Hausmeister" empfängt: $100\ LE \cdot 10\ €/LE = 1.000\ €$

Reihenfolge dementsprechend: Vorkostenstelle „Kantine" $\Rightarrow$ Vorkostenstelle „Hausmeister"

- 2. Schritt: Durchführung des Stufenverfahrens im Betriebsabrechnungsbogen:

Kostenstellen \ Kostenarten	Kantine	Hausmeister-dienst	Lackierwerkstatt	Endmontage
Primäre Kosten	6.000 €	10.800 €	96.000 €	152.000 €
Umlage (1)	↳ − 6.000 €	(10 €/LE· 100 LE) 1.000 € 11.800 €	(10 €/LE · 240 LE) 2.400 €	(10 €/LE · 260 LE) 2.600 €
Umlage (2)		↳ 1) − 11.800 €	(47,20 €/LE · 150 LE) 7.080 €	(47,20 €/LE · 100 LE) 4.720 €
Gesamtkosten	0 €	0 €	105.480 €	159.320 €

1) Verrechnungssatz Umlage (2):

$$\frac{11.800\ €}{300\ LE - 20\ LE - 30\ LE} = \frac{11.800\ €}{250\ LE} = 47,20\ €/LE$$

c) Innerbetriebliche Leistungsverrechnung mit Hilfe des Gleichungsverfahrens:

Vgl. dazu ausführlich Friedl (2004), Abschnitt 4.4.2, S. 156 ff.

- 1. Schritt: Aufstellen der Gleichungen:

  Kantine (x_1): $650\, x_1 = 6.000\, € + 50\, x_1 + 20\, x_2$

  Hausmeister (x_2): $300\, x_2 = 10.800\, € + 100\, x_1 + 30\, x_2$

  Lackieren (x_3): $3.800\, x_3 = 96.000\, € + 240\, x_1 + 150\, x_2 + 50\, x_3$

  Endmontage (x_4): $250\, x_4 = 152.000\, € + 260\, x_1 + 100\, x_2$

- 2. Schritt: Lösung der Gleichungen (dies ist ein möglicher Lösungsweg):

  - Umformung der Gleichung 1: $x_1 = 10\, € + 1/30\, x_2$

  - Einsetzen in Gleichung 2: $270\, x_2 = 10.800\, € + 100 \cdot (10\, € + 1/30\, x_2)$

    $\Rightarrow 266\ 2/3\ x_2 = 11.800\, €$

    $\Rightarrow \mathbf{x_2 = 44{,}25\ €/LE}$

    $\Rightarrow \mathbf{x_1 = 10\, € + 1/30 \cdot 44{,}25 = 11{,}475\ €/LE}$

  - Einsetzen in Gleichung 3: $3.750\, x_3 = 96.000\, € + 240 \cdot 11{,}475$

    $+ 150 \cdot 44{,}25$

    $3.750\, x_3 = 105.391{,}50\, €$

    $\Rightarrow \mathbf{x_3 = 28{,}1044\ €/LE}$

  - Einsetzen in Gleichung 4: $250\, x_4 = 152.000\, € + 260 \cdot 11{,}475$

    $+ 100 \cdot 44{,}25$

    $250\, x_4 = 159.408{,}50\, €$

    $\Rightarrow \mathbf{x_4 = 637{,}634\ €/LE}$

  - Kosten der Endkostenstellen: ~ Lackieren: <u>106.796,72 €</u>

    ~ Endmontage: <u>159.408,50 €</u>

Aufgabe 3.4: Durchführung des Gleichungsverfahrens und Allgemeines zum Kostenträgerverfahren sowie zur Gemeinkostenschlüsselung

In den Kostenstellen einer Unternehmung verteilen sich die primären Kosten wie folgt:

	Vorkosten-stelle 1	Vorkosten-stelle 2	Endkosten-stelle I	Endkosten-stelle II
primäre Kosten	86.400 €	171.000 €	180.000 €	180.000 €

Die nächste Tabelle zeigt die Lieferbeziehungen (in Leistungseinheiten LE) zwischen den vier Kostenstellen:

liefernde Kostenstelle empfangende Kostenstelle	Vorkosten-stelle 1	Vorkosten-stelle 2	Endkosten-stelle I	Endkosten-stelle II
Vorkostenstelle 1	1.800	14.400	-	-
Vorkostenstelle 2	900	3.600	-	-
Endkostenstelle I	11.700	54.000	-	100
Endkostenstelle II	45.000	18.000	50	-
Gesamtleistung der Periode	59.400	90.000	250	500

a) Ermitteln Sie die Gesamtkosten der Endkostenstellen nach dem Gleichungsverfahren.

b) Die betreffende Unternehmung erstellt einen Großrechner, der in der Vorkostenstelle 1 genutzt werden soll. Die Kosten sollen über das Kostenträgerverfahren ermittelt werden.

    1.   Welchen Verrechnungsumfang hat das Kostenträgerverfahren?

    2.   Wie wird der Großrechner im Rahmen des Betriebsabrechnungsbogens berücksichtigt?

    3.   Der Großrechner wird nach der Fertigstellung der Vorkostenstelle 1 zugeordnet. Erläutern Sie an einem Beispiel, wie die Kosten auf die Vorkostenstelle 1 verrechnet werden.

c) Die Verteilung der Gemeinkosten auf die Kostenstellen wird mit Hilfe von Schlüsselgrößen durchgeführt. Nennen Sie verschiedene Arten mit Beispielen und die Anforderung, denen diese Größen genügen müssen.

Lösung 3.4: Durchführung des Gleichungsverfahrens und Allgemeines zum Kostenträgerverfahren sowie zur Gemeinkostenschlüsselung

a) Innerbetriebliche Leistungsverrechnung mit Hilfe des Gleichungsverfahrens:

Vgl. dazu ausführlich Friedl (2004), Abschnitt 4.4.2, S. 156 ff.

- 1. Schritt: Aufstellen der Gleichungen:

  Vorkostenstelle 1: $86.400\ € + 1.800\ x_1 + 14.400\ x_2 = 59.400\ x_1$

  Vorkostenstelle 2: $171.000\ € + 900\ x_1 + 3.600\ x_2 = 90.000\ x_2$

  Endkostenstelle I: $180.000\ € + 11.700\ x_1 + 54.000\ x_2 + 100\ x_4 = 250\ x_3$

  Endkostenstelle II: $180.000\ € + 45.000\ x_1 + 18.000\ x_2 + 50\ x_3 = 500\ x_4$

- 2. Schritt: Lösung der Gleichungen:

  - Umformung der Gleichung 1: $x_2 = 4\ x_1 - 6\ €$

  - Einsetzen in Gleichung 2: $900\ x_1 = 86.400\ (4\ x_1 - 6\ €) - 171.000\ €$

    $\Rightarrow -344.700\ x_1 = -689.400\ €$

    $\Rightarrow \mathbf{x_1 = 2\ €/LE}$

    $\Rightarrow \mathbf{x_2 = 2\ €/LE}$

  - Einsetzen in Gleichung 3: $180.000\ € + 11.700 \cdot 2 + 54.000 \cdot 2 + 100\ x_4 = 250\ x_3$

  - Umformung der Gleichung 3: $311.400\ € + 100\ x_4 = 250\ x_3$

    $\Rightarrow x_3 = 1245,6\ € + 0,4\ x_4$

  - Einsetzen in Gleichung 4: $180.000\ € + 45.000 \cdot 2 + 18.000 \cdot 2 + 50\ (1245,6\ € + 0,4\ x_4) = 500\ x_4$

    $\Rightarrow 368.280\ € = 480\ x_4$

    $\Rightarrow \mathbf{x_4 = 767,25\ €/LE}$

    $\Rightarrow \mathbf{x_3 = 1552,5\ €/LE}$

  - Kosten der Endkostenstellen: ~ Endkostenstelle I: $200\ x_3 = \underline{310.500\ €}$

    ~ Endkostenstelle II: $400\ x_4 = \underline{306.900\ €}$

b) Fragen zum Kostenträgerverfahren:

Vgl. dazu ausführlich Friedl (2004), Abschnitt 4.4.2.3, S. 176 f.

1. Das Kostenträgerverfahren kommt zur Anwendung, wenn es sich bei der innerbetrieblichen Leistung um ein aktivierbares Anlagegut handelt. Der Verrechnungsumfang besteht dabei aus den Einzelkosten des aktivierbaren Anlagegutes sowie den sekundären Gemeinkosten der innerbetrieblichen Leistung, die von den liefernden Kostenstellen erbracht werden.

2. Im Betriebsabrechnungsbogen wird für den Großrechner eine zusätzliche Spalte, die sogenannte Ausgliederungs- bzw. Ausgleichsstelle eingeführt. Dieser werden dann die durch den Großrechner verursachten Einzelkosten und sekundären Gemeinkosten zugeordnet.

3. Die Kosten für den Großrechner werden nun in den folgenden Perioden auf die Vorkostenstelle 1 verrechnet. Beispielsweise wird die Vorkostenstelle 1 während der Nutzungsdauer in jeder Periode mit der kalkulatorischen Abschreibung dieses Anlagegutes belastet.

c) Verrechnung der Kostenstellengemeinkosten auf die Kostenstellen über Schlüsselgrößen:

Vgl. dazu ausführlich Friedl (2004), Abschnitt 4.4.1, S. 152 ff.

Um eine verursachungsgerechte Kostenverrechnung zu gewährleisten, sollten die Kostenschlüssel zum einen in einer ursächlichen Beziehung zu den zu verrechnenden Kosten stehen und zum anderen sollte eine proportionale Beziehung zwischen dem Kostenschlüssel und den zu verrechnenden Kostenstellengemeinkosten vorhanden sein. Zu unterscheiden sind Mengen- und Wertschlüssel. Mengenschlüssel sind beispielsweise Gewichts-, Raum- oder Zeitgrößen, wohingegen Wertschlüssel z. B. Kosten-, Absatz- oder Bestandsgrößen sein können.

Aufgabe 3.5: Allgemeines zur Kostenstellenrechnung

Sie arbeiten für die studentische Unternehmensberatung Campusconsult und sollen dem Geschäftsführer einer mittelständischen Industrieunternehmung in Fragen zur Kostenrechnung beratend zur Seite stehen. Folgende Daten des Betriebsabrechnungsbogens der abgelaufenen Rechnungsperiode stehen Ihnen zur Verfügung (Zahlenwerte in €):

Kostenstelle / Kostenart	Fuhrpark	Sozialwesen	Materialstelle	Fertigungshauptstelle I: „Komponentenfertigung"	Fertigungshauptstelle II: Maschinenplatz „Montageautomat"		Vertriebsstelle	Verwaltungsstelle
					maschinenabhängige Gemeinkosten	Restgemeinkosten		
Hilfsstoffe	22.000	0	0	210.000	120.000	800	42.000	2.000
Betriebsstoffe	7.500	310	0	10.000	25.000	1.000	1.000	500
Energie	1.000	850	3.500	15.000	17.000	450	4.000	3.800
Gehälter	28.000	14.000	56.000	56.000	0	7.000	90.000	140.000
Sozialleistungen	21.000	10.500	42.000	42.000	0	5.250	67.500	105.000
Abschreibungen	50.000	0	70.000	120.000	220.000	0	20.000	12.000
Zinsen	5.000	0	9.000	30.000	50.000	0	2.000	1.800
Summe:	*134.500*	*25.660*	*180.500*	*483.000*	*432.000*	*14.500*	*226.500*	*265.100*

a) Erklären Sie in einem Satz, was eine Kostenstelle ist.

b) In dem gegebenen Betriebsabrechnungsbogen ist eine Maschine als Kostenplatz (sogenannter Maschinenplatz) enthalten. Wann und warum werden solche Maschinenplätze eingerichtet?

c) Der Geschäftsführer hat von den Verfahren Anbau-, Stufen- und Gleichungsverfahren gehört. Nennen Sie kurz in Stichworten den Zweck und die wesentlichen Charakteristika dieser Verfahren. Zu welchem Verfahren würden Sie dem Geschäftsführer auf Basis des gegebenen Betriebsabrechnungsbogens raten und warum?

d) Führen Sie die Kostenstellenumlage nach dem Anbauverfahren (Blockumlage) durch. Zur Vereinfachung sollen dabei die Gemeinkosten der beiden Vorkostenstellen proportional zu den primären Gemeinkosten der Endkostenstellen auf diese verteilt werden. Geben Sie für die Endkostenstellen die Summe aus primären und sekundären Gemeinkosten an.

e) Errechnen Sie alle Zuschlags- und Maschinenstundensätze. Berücksichtigen Sie dazu folgende Informationen aus der entsprechenden Rechnungsperiode:

Materialeinzelkosten:	1.805.000 €	Maschinenlaufzeit:	180 Stunden
Einzelkosten Fertigungsstelle I:	490.000 €	Herstellkosten der Produktion:	3.621.000 €
Einzelkosten Maschinenplatz:	105.000 €	Herstellkosten des Umsatzes:	3.095.000 €

f) Wurden in der Rechnungsperiode per Saldo Lagerbestände auf- oder abgebaut? Begründen Sie Ihre Antwort kurz.

Lösung 3.5: Allgemeines zur Kostenstellenrechnung

a) Definition „Kostenstelle":

Vgl. dazu ausführlich Friedl (2004), Abschnitt 4.2.1, S. 141.

Kostenstellen sind die Teilbereiche in einer Unternehmung, an denen die Gemeinkosten anfallen und für die die Kosten gesondert erfasst, geplant, kontrolliert und verrechnet werden.

b) Begründung für Maschinenplätze:

Vgl. dazu ausführlich Friedl (2004), Abschnitt 4.2.1, S. 141 ff. und Abschnitt 5.2.5, S. 219 f.

Maschinenplätze (Kostenplätze) werden eingerichtet, wenn die Fertigung sehr maschinen-, d. h. kapitalintensiv ist. Sie dienen dazu, die Fertigungsgemeinkosten der Maschinen differenziert zu erfassen und bilden die Grundlage für die Bezugsgrößenkalkulation. Eine Zuschlagskalkulation ohne eine derartige Differenzierung würde zu ungenauen Gemeinkostenzuschlagssätzen führen, da die Bezugsgrößen der Zuschlagssätze (Fertigungslöhne) relativ zu den Gemeinkosten sehr gering sind. Im Rahmen der Bezugsgrößenkalkulation erlauben die Maschinenplätze die Anwendung der Maschinenstunden als alternativer Bezugsgröße.

c) Verfahren der innerbetrieblichen Leistungsverrechnung:

Vgl. dazu ausführlich Friedl (2004), Abschnitt 4.4.2, S. 156 ff.

Die genannten Verfahren sind Verfahren für die innerbetriebliche Leistungsverrechnung. Anbau- und Stufenverfahren sind Kostenstellenumlageverfahren, die bei einseitigen Leistungsbeziehungen zwischen Vor- und Endkostenstellen bzw. bei einseitigen Leistungsbeziehungen zwischen Vorkostenstellen ohne Verrechnungsfehler angewendet werden können. Das Gleichungsverfahren dagegen führt bei jeder Art der Leistungsbeziehung zu einer fehlerfreien Verrechnung.

Eine Empfehlung kann auf Basis der gegebenen Daten nicht gegeben werden, da der vorgelegte Betriebsabrechnungsbogen die innerbetrieblichen Leistungsbeziehungen nicht abbildet.

d) Durchführung der innerbetrieblichen Leistungsverrechnung (Blockumlage):

- 1. Schritt: Bestimmung der zu verteilenden Gemeinkosten der Vorkostenstellen (Fuhrpark und Sozialwesen):

  Gemeinkosten der Vorkostenstellen: 134.500 € + 25.660 € = 160.160 €

- 2. Schritt: Bestimmung der gesamten Gemeinkosten der Endkostenstellen:

  180.500 € + 483.000 € + 432.000 € + 14.500 € + 226.500 € + 265.100 €

  = 1.601.600 €

- 3. Schritt: Bestimmung des Zuschlagssatzes zur Durchführung der Umlage:

$$\frac{\text{Gemeinkosten Vorkostenstellen}}{\text{Gemeinkosten Endkostenstellen}} = \frac{160.160\ €}{1.601.600\ €} = 0{,}1 \,\hat{=}\, 10\ \%$$

- 4. Schritt: Durchführung der Umlage:

Kostenstelle \ Kostenart	primäre Gemeinkosten	sekundäre Gemeinkosten (10 %)	Gemeinkosten gesamt
Materialstelle	180.500 €	18.050 €	198.550 €
Fertigungshauptstelle I	483.000 €	48.300 €	531.300 €
Maschinenplatz	432.000 €	43.200 €	475.200 €
Restgemeinkosten Maschinenplatz	14.500 €	1.450 €	15.950 €
Vertriebsstelle	226.500 €	22.650 €	249.150 €
Verwaltungsstelle	265.100 €	26.510 €	291.610 €
Summe		160.160 €	

e) Bestimmung der Maschinen- und Zuschlagsstundensätze:

	Gemeinkosten gesamt	Bezugsgröße: Einzelkosten/ Maschinen- stunden	Zuschlags-/ Stundensatz
Materialstelle	198.550 €	1.805.000 €	11 %
Fertigungshauptstelle I	531.300 €	490.000 €	108,43 %
FHST II: Maschinenplatz	475.200 €	180 Std.	2.640 €/Std.
Restgemeinkosten Maschi-nenplatz	15.950 €	105.000 €	15,19 %
Vertriebsstelle (Bezugsgröße: Herstellkosten des Umsatzes)	249.150 €	3.095.000 €	8,05 %
Verwaltungsstelle (Bezugs-größe: Herstellkosten der Produktion)	291.610 €	3.621.000 €	8,05 %

f) Bestimmung der Art der Lagerbestandsveränderung:

Per Saldo wurden Lagerbestände aufgebaut, da die Herstellkosten des Umsatzes niedriger sind als die Herstellkosten der Produktion.

4 Aufgaben zur Kostenträgerrechnung

4.1 Aufgaben zur Kostenträgerstückrechnung

Aufgabe 4.1.1: Multiple-Choice-Aufgaben

Geben Sie für die folgenden Behauptungen an, ob diese richtig oder falsch sind, und begründen Sie ihre Antwort kurz.

a) In der Kostenträgerstückrechnung werden die Kosten für eine hergestellte Produkteinheit ermittelt.

b) Herstellkosten und Selbstkosten sind synonyme Begriffe.

c) Liegt eine Sortenfertigung vor, so ist die Divisionskalkulation anzuwenden.

d) Eine einfache, einstufige Divisionskalkulation benötigt keine Kostenstellenrechnung.

e) Bei der Äquivalenzziffernkalkulation kommt das Proportionalitätsprinzip zur Anwendung.

f) Im Rahmen der Kuppelkalkulation kommt bei der Verteilungsrechnung das Durchschnittsprinzip zum Ausdruck.

Lösung 4.1.1: Multiple-Choice-Aufgabe

a) <u>Richtig;</u> die Kostenträgerstückrechnung (Kalkulation) ist Bestandteil der Kostenträgerrechnung (dritte Teilrechnung der Kostenrechnung) und berechnet die Kosten einer Einheit des Kostenträgers, während die Kostenträgerzeitrechnung die Kosten für die in der Abrechnungsperiode produzierte bzw. abgesetzte Menge aller Kostenträger ermittelt.

b) <u>Falsch;</u> Herstellkosten zuzüglich der Verwaltungs- und Vertriebskosten sowie der Sondereinzelkosten des Vertriebs ergeben die Selbstkosten.

c) <u>Falsch;</u> die Divisionskalkulation ist im Wesentlichen für den Fall geeignet, dass eine Massenfertigung eines Produktes vorliegt; bei einer Sortenfertigung ist die Äquivalenzziffernkalkulation das passende Kalkulationsverfahren.

d) <u>Richtig;</u> die Stückselbstkosten werden hier einfach als Quotient aus den gesamten Unternehmungskosten und der in dem betrachteten Zeitraum produzierten Menge bestimmt; es erfolgt also keine Trennung von Kostenträgereinzel- und Kostenträgergemeinkosten, sodass eine Kostenstellenrechnung nicht erforderlich ist.

e) <u>Richtig;</u> die Äquivalenzziffer eines Produktes drückt das Verhältnis der Ausprägung seiner Bezugsgröße zur Ausprägung beim Einheitsprodukt aus; unter der Annahme, dass sich die Kosten proportional zu dieser Bezugsgröße verhalten, werden die Stückkosten mit Hilfe dieser Äquivalenzziffern berechnet.

f) Falsch; hier erfolgt eine Verteilung der Kuppelkosten beispielsweise über Deckungsbeiträge, sodass das Tragfähigkeitsprinzip Anwendung findet.

Aufgabe 4.1.2: Äquivalenzziffernkalkulation

Die Holland-Oranje-Topf GmbH stellt Blumentöpfe in den holländischen National-
farben her. Es werden fünf verschiedene Blumentopfgrößen hergestellt (Sorten A, B,
C, D und E), die sich im Durchmesser, in der Höhe und in der Dicke des Blumentop-
fes unterscheiden. Die Blumentöpfe durchlaufen zwei Fertigungsstufen. In der ersten
Fertigungsstufe werden die Töpfe gebrannt, in der zweiten Fertigungsstufe werden
sie glasiert. Nach dem Auskühlen werden die Töpfe in Folie verpackt und zu den
Heimspielen der holländischen Fußball-Nationalmannschaft verschickt.

Die Verbrauchswerte der fünf Sorten sind in der folgenden Tabelle aufgeführt:

Sorte	A	B	C	D	E
Gewicht des verwendeten Tons pro ME in kg	2,0	2,0	1,5	1,0	0,5
Menge der verwendeten Glasur pro ME in l	0,5	0,7	0,7	0,5	0,6

Es wurden in der vergangenen Periode folgende Mengeneinheiten hergestellt:

Sorte	A	B	C	D	E
Produzierte ME	500	70	300	220	850

In der Kostenstelle „Brennofen" fallen Kosten in Höhe von 20.115 € an, in der Kostenstelle „Glasur" fallen Kosten in Höhe von 6.774 € an.

a) Berechnen Sie die Herstellkosten pro Blumentopf jeder Sorte (A bis E).

b) Nach dem Glasieren werden die Blumentöpfe in ein Lager transportiert. In dem
Lager befinden sich Produkte aus der Vorperiode. Die Anzahl eingelagerter
Blumentöpfe, deren Herstellkosten und die Anzahl verkaufter Blumentöpfe sind
in der folgenden Tabelle aufgeführt.

Sorte	A	B	C	D	E
Lagerbestand aus der Vorperiode in ME	800	400	0	0	200
Herstellkosten pro ME der Vorperiode	22,00 €	18,00 €	20,50 €	13,00 €	10,00 €
Verkaufsmenge in ME in dieser Periode	200	470	300	200	650

Die Lagerentnahme erfolgt bei den Produkten A und B nach dem FIFO-Prinzip, bei den Produkten C, D und E nach dem LIFO-Prinzip.

Ermitteln Sie für jede Sorte und insgesamt die Herstellkosten der abgesetzten Produktionsmenge.

c) Durch die Verpackung in Folie fallen unterschiedliche Sondereinzelkosten des Vertriebs an:

Sorte	A	B	C	D	E
Sondereinzelkosten pro Stück in €	6,00	7,30	6,00	2,80	2,00

Zusätzlich entstehen für alle Produkte Verwaltungs- und Vertriebskosten in Höhe von 2.650 €, die über die Herstellkosten der abgesetzten Produkte auf die Produkte verrechnet werden.

Bestimmen Sie die Selbstkosten der Blumentopfsorte A.

Lösung 4.1.2: Äquivalenzziffernkalkulation

Vgl. dazu ausführlich Friedl (2004), Abschnitt 5.2.3, S. 201 ff. und Abschnitt 5.2.4, S. 208 ff.

a) Bestimmung der Herstellkosten pro Blumentopf jeder Sorte (A bis E)

- 1. Schritt: Bestimmung der Stückherstellkosten auf der ersten Fertigungsstufe (Brennen); Sorte D als Einheitsprodukt:

Sorte	Äquivalenzziffer α_i	Produktionsmenge x_i (ME)	Kostenidentische Menge des Einheitsproduktes $\alpha_i \cdot x_i$ (ME)	Stückherstellkosten $k_e \cdot \alpha_i$ (€)
A	2,0	500	1.000	18,00
B	2,0	70	140	18,00
C	1,5	300	450	13,50
D	1,0	220	220	9,00
E	0,5	850	425	4,50
Kostenidentische Gesamtmenge des Einheitsprodukts		$\Sigma = 2.235$		
Stückherstellkosten des Einheitsproduktes $k_e = \dfrac{20.115\,€}{2.235\,ME} = 9{,}0\ €/ME$				

- 2. Schritt: Bestimmung der Stückherstellkosten auf der zweiten Fertigungsstufe (Glasieren):

Sorte	Äquivalenzziffer α_i	Produktionsmenge x_i (ME)	Kostenidentische Menge des Einheitsproduktes $\alpha_i \cdot x_i$ (ME)	Stückherstellkosten $k_e \cdot \alpha_i$ (€)
A	0,5	500	250	3,00
B	0,7	70	49	4,20
C	0,7	300	210	4,20
D	0,5	220	110	3,00
E	0,6	850	510	3,60
Kostenidentische Gesamtmenge des Einheitsprodukts		$\Sigma = 1.129$		

Stückherstellkosten des Einheitsproduktes $k_e = \dfrac{6.774\ €}{1.129\ ME} = 6,0\ €/ME$

- 3. Schritt: Bestimmung der gesamten Stückherstellkosten:

Sorte	A	B	C	D	E
Stückherstellkosten Stufe I (Brennen)	18,00 €	18,00 €	13,50 €	9,00 €	4,50 €
Stückherstellkosten Stufe II (Glasur)	3,00 €	4,20 €	4,20 €	3,00 €	3,60 €
Σ	21,00 €	22,20 €	17,70 €	12,00 €	8,10 €

b) Bestimmung der Herstellkosten der abgesetzten Produktionsmenge:

Sorte	A	B	C	D	E
Verbrauchsfolge	FIFO	FIFO	LIFO	LIFO	LIFO
Lagerbestand (ME)	800	400	0	0	200
Produktion (ME)	500	70	300	220	850
Verkaufsmenge (ME)	200	470	300	200	650
Bestandteile der Verkaufsmenge (ME):					
– aus dem Lager	200	400	0	0	0
– aus der Neuproduktion	0	70	300	200	650
Herstellkosten	(200 ME · 22,00 €/ME)	(400 ME · 18,00 €/ME + 70 ME · 22,20 €/ME)	(300 ME · 17,70 €/ME)	(200 ME· 12,00 €/ME)	650 ME · 8,10 €/ME)
	4.400 €	8.754 €	5.310 €	2.400 €	5.265 €
Herstellkosten der abgesetzten Menge	(4.400 € + 8.754 €+ 5.310 € + 2.400 € + 5.265 €) $$= \underline{26.129\ €}$$				

c) Bestimmung der Selbstkosten der Blumentopfsorte A:

- 1. Schritt: Berechnung des Verwaltungs- und Vertriebsgemeinkostenzuschlagssatzes:

  Verwaltungs- und Vertriebsgemeinkostenzuschlagssatz =

  $$\frac{\text{Verwaltungs-/Vertriebsgemeinkosten}}{\text{Herstellkosten der abgesetzten Menge}} = \frac{2.650\ €}{26.129\ €} = 0,1014\ (10,14\ \%)$$

- 2. Schritt: Durchführung der Stückkalkulation bei der Blumensorte A:

Herstellkosten	21,00 €
+ Verwaltungs-/Vertriebsgemeinkosten (10,14 %)	2,13 €
+ Sondereinzelkosten des Vertriebs	6,00 €
= Selbstkosten	29,13 €

Aufgabe 4.1.3: Bezugsgrößenkalkulation

Ihre Unternehmung stellt das Produkt P1 her. Dazu werden die Materialien A und B verwendet und die Maschinen M1, M2 und M3 eingesetzt. M1 und M2 stehen in Kostenstelle F100, M3 steht in Kostenstelle F200. Ihnen stehen folgende Angaben einer Abrechnungsperiode zur Verfügung:

Material	Verrechnungspreis [€/ME]	benötigte Menge für eine Einheit von P1 [ME]
A	2	10
B	12	2
Materialeinzelkosten der Periode		2.500.000 €

Kostenstelle	Endkosten
Materialstelle	150.000 €
Fertigungsstelle F100	350.000 €
• davon M1	240.000 €
• davon M2	110.000 €
Fertigungsstelle F200	500.000 €
• davon: 20 % rüstzeitabhängig	
80 % fertigungszeitabhängig	
Verwaltung	175.000 €
Vertrieb	350.000 €

Angaben zum Produkt P1	
Fertigungszeit pro ME in F100 an Maschine M1	1 ZE
Fertigungszeit pro ME in F100 an Maschine M2	2 ZE
Rüstzeit pro Los in F200	25 ZE
Losgröße in F200	100 ME
Fertigungszeit pro ME in F200 an Maschine M3	3 ZE

Sonstige Angaben	
Fertigungszeiten in F100	100.000 ZE
• davon M1	60.000 ZE
• davon M2	40.000 ZE
Rüstzeiten in F200	10.000 ZE
Fertigungszeiten in F200	200.000 ZE

Produkt P1 wird in F100 sowohl auf Maschine M1 als auch auf Maschine M2 sowie in F200 auf Maschine M3 bearbeitet.

Kalkulieren sie die Selbstkosten des Produkts P1!

Lösung 4.1.3: Bezugsgrößenkalkulation

Vgl. dazu ausführlich Friedl (2004), Abschnitt 5.2.4, S. 208 ff. und Abschnitt 5.2.5, S. 219 ff.

Berechnung der Selbstkosten des Produkts P1:

- 1. Schritt: Bestimmung der Materialeinzelkosten:

  Materialeinzelkosten = 2 €/ME · 10 ME + 12 €/ME · 2 ME = 44 €

- 2. Schritt: Bestimmung des Materialgemeinkostenzuschlagsatzes:

$$\text{Materialgemeinkostenzuschlagssatz} = \frac{\text{Materialgemeinkosten}}{\text{Materialeinzelkosten}}$$

$$= \frac{150.000 \ €}{2.500.000 \ €} = 0,06 \ (6 \ \%)$$

- 3. Schritt: Bestimmung der Verrechnungssätze für Fertigungsstelle F100:

  - Verrechnungssatz für Maschine M1: $\dfrac{240.000 \ €}{60.000 \ ZE} = 4,00 \ €/ZE$

  - Verrechnungssatz für Maschine M2: $\dfrac{110.000 \ €}{40.000 \ ZE} = 2,75 \ €/ZE$

- **4. Schritt: Bestimmung der Verrechnungssätze für Fertigungsstelle F200:**

  - Aufteilung der Endkosten (500.000 €) in F200:

    $\Rightarrow$ 20 % Rüstzeit: 100.000 €

    $\Rightarrow$ 80 % Fertigungszeit: 400.000 €

  - Rüstkostenverrechnungssatz:

    $$\Rightarrow \frac{\text{Rüstkosten}}{\text{Rüstzeiten}} = \frac{100.000 \text{ €}}{10.000 \text{ ZE}} = 10,00 \text{ €/ZE}$$

  - Berücksichtigung der Losgröße:

    $$\Rightarrow \text{Rüstzeit/Mengeneinheit} = \frac{25 \text{ ZE}}{100 \text{ ME}} = 0,25 \text{ ZE/ME}$$

  - Fertigungszeitverrechnungssatz:

    $$\Rightarrow \frac{\text{Fertigungskosten}}{\text{Fertigungszeiten}} = \frac{400.000 \text{ €}}{200.000 \text{ ZE}} = 2,00 \text{ €/ZE}$$

- **5. Schritt: Bestimmung der Verwaltungs- und Vertriebsgemeinkostenzuschlagsätze:**

  - Gesamte Herstellkosten von P1:

    $\Rightarrow$ Herstellkosten = 2.500.000 € + 150.000 € + 350.000 € + 500.000 €

    = 3.500.000 €

  - Verwaltungsgemeinkostenzuschlagssatz:

    $$\Rightarrow \frac{\text{Verwaltungsgemeinkosten}}{\text{Herstellkosten}} = \frac{175.000 \text{ €}}{3.500.000 \text{ €}} = 0,05 \ (5 \text{ %})$$

  - Vertriebsgemeinkostenzuschlagssatz:

    $$\Rightarrow \frac{\text{Vertriebsgemeinkosten}}{\text{Herstellkosten}} = \frac{350.000 \text{ €}}{3.500.000 \text{ €}} = 0,10 \ (10 \text{ %})$$

- 6. Schritt: Bestimmung der Selbstkosten (Stückkalkulation) von P1:

	Materialeinzelkosten	44,00 €
+	Materialgemeinkosten (6 %)	2,64 €
+	Fertigungsgemeinkosten in F100 (1 ZE · 4 €/ZE + 2 ZE · 2,75 €/ZE)	9,50 €
+	Fertigungsgemeinkosten in F200 (1 ME · 0,25 ZE/ME · 10,0 €/ZE + 3 ZE · 2,0 €/ZE)	8,50 €
=	Herstellkosten	64,64 €
+	Verwaltungsgemeinkosten (5 %)	3,23 €
+	Vertriebsgemeinkosten (10 %)	6,46 €
=	Selbstkosten	74,33 €

Aufgabe 4.1.4: Kuppelkalkulation

Ein Unternehmen stellt ein Hauptprodukt A her, bei dessen Produktion auch die Nebenprodukte B und C entstehen.

Die folgenden **Ausgangsdaten** sind bekannt:

- Die Kosten des Kuppelprozesses betragen 16.000 €.

- Das Produkt C muss zu 10 €/Stück entsorgt werden.

- Darüber hinaus sind folgende Informationen gegeben:

Produkt	Produktionsmenge (in Stück)	Verkaufspreis (€/Stück)
A	1.000	50
B	700	15
C	800	--

a) Nehmen Sie an, dass für Produkt A Einzelkosten in Höhe von 25 € pro Stück bei der Veredelung entstehen, Kosten für den Vertrieb des Produktes A in Höhe von 3.600 € entstehen und insgesamt 800 Stück abgesetzt werden. Es liegen noch 400 Stück des Produkts A aus der Vorperiode auf Lager, die in der Herstellung 20 % teurer waren. Kalkulieren Sie die Herstell- und die Selbstkosten des Produkts A pro Stück, wenn Lagerabgänge nach dem FIFO-Prinzip berechnet werden.

b) Um Produkt B verkaufen zu können, entstehen Veredelungskosten in Höhe von 9.500 € und Absatzkosten von 5 €/Stück. Alternativ kann das Unternehmen 350 Stück dieses Produkts zu 4 € und 350 Stück zu 3 € entsorgen. Das Produkt B darf nicht gelagert werden. Welche Empfehlung sprechen Sie aus? Begründen Sie Ihre Antwort. Kalkulieren Sie auf Basis der Empfehlung und der Daten aus a) die Herstellkosten von Produkt A erneut!

c) Unterstellen Sie nun wieder ausschließlich die **Ausgangsdaten** (siehe oben). Gehen Sie zusätzlich davon aus, dass auch das Produkt B ein Hauptprodukt darstellt. Es fallen für die Produkte A und B Weiterverarbeitungskosten in Höhe von 14.000 € bzw. 450 € und Absatzkosten von 10 bzw. 5 € pro Stück an. Darüber hinaus entstehen Verwaltungskosten in Höhe von 1.800 €, die jeweils zur Hälfte den Produkten zugerechnet werden. Der Restwert des Kuppelprozesses fällt proportional zu der Differenz aus Stückpreis und Stückabsatzkosten an. Von Produkt A können 600 Einheiten, von Produkt B 500 Einheiten verkauft werden. Bestimmen Sie die Stückherstell- und die Stückselbstkosten der Produkte A und B.

Lösung 4.1.4: Kuppelkalkulation

a) Bestimmung der Selbstkosten des Hauptproduktes A nach dem Restwertverfahren:

- 1. Schritt: Bestimmung der Herstellkosten nach dem Restwertverfahren:

Kosten des Kuppelprozesses	16.000 €
− Verwertungsüberschuss (Erlöse) des Nebenproduktes B (700 St. · 15 €/St. = 10.500 €)	− 10.500 €
+ Verwertungsüberschuss (Entsorgungskosten) des Nebenproduktes C (800 St. · 10 €/St. = 8.000 €)	+ 8.000 €
= Kosten des Hauptproduktes für den Kuppelprozess	= 13.500 €
: Produktionsmenge	: 1.000 St.
= Restkosten pro Stück	= 13,50 €
+ Stückkosten der Weiterverarbeitung (Veredelung)	+ 25,00 €
= Stückherstellkosten des Hauptproduktes	= 38,50 €

- 2. Schritt: Bestimmung der Herstellkosten der Vorperiode:

Herstellkosten der Vorperiode = 38,50 €/St. · 1,2 = 46,20 €/St.

- 3. Schritt: Bestimmung der Selbstkosten:

Absatz von 800 Stück bei Anwendung des FIFO-Prinzips und Berücksichtigung der Vertriebskosten (3.600 €):

$$\Rightarrow \frac{400 \text{ St.} \cdot 46,20 \text{ €/St.} + 400 \text{ St.} \cdot 38,50 \text{ €/St.} + 3.600 \text{ €}}{800 \text{ St.}} = 46,85 \text{ €/St.}$$

b) Alternativenauswahl und erneute Kalkulation nach dem Restwertverfahren:

- 1. Schritt: Alternativenauswahl:

  - Alternative 1 (Verkauf des Produktes B):

Erlöse (700 St. · 15 €/St. =)	10.500 €
– Absatzkosten (700 St. · 5 €/St. =)	– 3.500 €
– Veredelungskosten	– 9.500 €
= Verwertungsüberschuss bei der Alternative 1	– 2.500 €

  - Alternative 2 (Entsorgung des Produktes B):

Entsorgung zu 4 € (350 St. · 4 €/St. =)	– 1.400 €
+ Entsorgung zu 3 € (350 St. · 3 €/St. =)	– 1.050 €
= Verwertungsüberschuss bei der Alternative 2	– 2.450 €

  ⇒ Empfehlung: Mit der Alternative 2 wird ein geringerer Verlust erzielt, sodass diese vorzuziehen ist.

- 2. Schritt: Bestimmung der Herstellkosten nach dem Restwertverfahren:

Kosten des Kuppelprozesses	16.000 €
+ Verwertungsüberschuss (Entsorgungskosten) des Nebenproduktes B (Berechnung s.o.)	+ 2.450 €
+ Verwertungsüberschuss (Entsorgungskosten) des Nebenproduktes C (800 St. · 10 €7St. = 8.000 €)	+ 8.000 €
= Kosten des Hauptproduktes für den Kuppelprozess	= 26.450 €
: Produktionsmenge	: 1.000 St.
= Restkosten pro Stück	= 26,45 €
+ Stückkosten der Weiterverarbeitung (Veredelung)	+ 25,00 €
= Stückherstellkosten des Hauptproduktes	= 51,45 €

c) Bestimmung der Herstellkosten nach der Verteilungsrechnung:

- 1. Schritt: Bestimmung der Kosten der Hauptprodukte für den Kuppelprozess:

Kosten des Kuppelprozesses	16.000 €
+ Verwertungsüberschuss (Kosten) des Nebenproduktes C (800 St. · 10 €/St. = 8.000 €)	+ 8.000 €
= Kosten der Hauptprodukte für den Kuppelprozess	= 24.000 €

- 2. Schritt: Bestimmung der Bezugsgröße für die Kostenverteilung (Stückdeckungsbeiträge):

	Absatzpreis Hauptprodukt A	50 €
−	Absatzkosten Hauptprodukt A	− 10 €
=	Stückdeckungsbeitrag Hauptprodukt A	40 €

	Absatzpreis Hauptprodukt B	15 €
−	Absatzkosten Hauptprodukt B	− 5 €
=	Stückdeckungsbeitrag Hauptprodukt B	10 €

- 3. Schritt: Bestimmung der Stückherstellkosten der Hauptprodukte unter Berücksichtigung der Weiterverarbeitungskosten:

– Herstellkosten Hauptprodukt A =

$$\frac{14.000 \ € \ + \ \frac{40}{50} \cdot 24.000 \ €}{1000 \ \text{St.}} = 33,20 \ €/\text{St.}$$

– Herstellkosten Hauptprodukt B =

$$\frac{450 \ € \ + \ \frac{10}{50} \cdot 24.000 \ €}{700 \ \text{St.}} = 7,50 \ €/\text{St.}$$

- 4. Schritt: Bestimmung der Stückselbstkosten der Hauptprodukte unter Berücksichtigung der Absatz- und Verwaltungskosten:

– Selbstkosten Hauptprodukt A:

$$\frac{600 \ \text{St.} \cdot (33,20 \ €/\text{St.} + 10 \ €/\text{St.}) + 0,5 \cdot 1800 \ €}{600 \ \text{St.}} = 44,70 \ €/\text{St.}$$

– Selbstkosten Hauptprodukt B:

$$\frac{500 \ \text{St.} \cdot (7,50 \ €/\text{St.} + 5 \ €/\text{St.}) + 0,5 \cdot 1800 \ €}{500 \ \text{St.}} = 14,30 \ €/\text{St.}$$

4.2 Aufgaben zur Kostenträgerzeitrechnung

Aufgabe 4.2.1: Multiple-Choice-Aufgaben

Geben Sie für die folgenden Behauptungen an, ob diese richtig oder falsch sind, und begründen Sie ihre Antwort kurz.

a) In der Kostenträgerzeitrechnung werden die Kosten für eine hergestellte Produkteinheit ermittelt.

b) Liegen Bestandserhöhungen vor, so liefert das Gesamtkostenverfahren auf Vollkostenbasis ein höheres Betriebsergebnis als das Gesamtkostenverfahren auf Teilkostenbasis.

c) Die Anwendung des Gesamtkostenverfahrens ist nur möglich, wenn zugleich auch eine Inventur erfolgt.

d) Beim Gesamtkostenverfahren lässt sich der Erfolgsbeitrag einzelner Produktarten ablesen.

e) Die Deckungsbeitragsrechnung ist eine Teilkostenrechnung.

f) Weist eine Produktgruppe im Rahmen der mehrstufigen Deckungsbeitragsrechnung einen negativen Deckungsbeitrag auf, so ist diese Produktgruppe aus dem Produktionsprogramm zu eliminieren.

Lösung 4.2.1: Multiple-Choice-Aufgaben

a) <u>Falsch;</u> die Kostenträgerzeitrechnung ermittelt die Kosten für die in der Abrechnungsperiode produzierte bzw. abgesetzte Menge aller Kostenträger. Im Unterschied dazu geht es bei der Kostenträgerstückrechnung (Kalkulation) darum, die Kosten einer Kostenträgereinheit zu berechnen.

b) <u>Richtig;</u> beim Gesamtkostenverfahren auf Vollkostenbasis sind im Unterschied zum Gesamtkostenverfahren auf Teilkostenbasis bei der Bestandserhöhung anteilige Fixkosten enthalten.

c) <u>Richtig;</u> eine Inventur ist notwendig, um die Bestandsveränderungen zu ermitteln.

d) <u>Falsch;</u> beim Gesamtkostenverfahren werden die Kosten nach Kostenarten gegliedert; der Erfolgsbeitrag einzelner Produktarten lässt sich nur beim Umsatzkostenverfahren ablesen.

e) <u>Richtig;</u> bei einer Deckungsbeitragsrechnung werden nur variable Kosten (Teilkosten) den Produkten zugeordnet; die fixen Kosten werden dagegen nicht auf die Produkte verteilt, sondern bei der Erfolgsbestimmung als Block vom Gesamtdeckungsbeitrag abgezogen.

f) <u>Falsch;</u> die mehrstufige Deckungsbeitragsrechnung als eine kurzfristige Rechnung liefert nur Hinweise für die Absatz-/Stilllegungspolitik; für Produkteliminationsentscheidungen sind langfristige Berechnungen notwendig.

Aufgabe 4.2.2: Gesamt- und Umsatzkostenverfahren

Eine Unternehmung fertigt zwei Produkte in einem einstufigen Produktionsprozess. Für die beiden Produkte liegen folgende Angaben vor:

Pro-dukt	Stück-erlös	Ferti-gungsma-terial/Stk.	Ferti-gungs-löhne/Stk.	Ferti-gungs-zeiten	Ferti-gungs-mengen	Absatz-mengen
A	70,00 €	10,00 €	14,00 €	0,20 Std.	5.000 Std.	4.000 St.
B	150,00 €	25,00 €	37,50 €	0,55 Std.	2.000 Std.	2.500 St.

Die Summe der Gemeinkosten betrug im selben Zeitraum 300.000 €.

a) Berechnen Sie die Kosten des Fertigungsmaterials, der Fertigungslöhne und die für die Fertigung benötigte Zeit je Produktart.

b) Berechnen Sie unter Verwendung der obigen Ergebnisse und der nachfolgend angegebenen Gemeinkosten aus dem Betriebsabrechnungsbogen die Zuschlag-sätze für die Endkostenstellen.

	Material-stelle	Fertigungs-stelle	Verwal-tungs- und Vertriebs-stelle	Gemeinkosten insgesamt
Kostensumme	10.000 €	210.000 €	80.000 €	300.000 €
Zuschlagsbasis	Ferti-gungsma-terial	Ferti-gungszeit	Herstellkos-ten der abge-setzten Pro-dukte: 480.000 €	

c) Berechnen Sie unter Verwendung der Zuschlagsätze die gesamten Selbstkosten und die Selbstkosten pro Stück für beide Produktarten.

d) Führen Sie unter Verwendung der obigen Ergebnisse die kurzfristige Erfolgs-rechnung nach dem Gesamtkostenverfahren und nach dem Umsatzkostenverfah-ren durch.

Lösung 4.2.2: Gesamt- und Umsatzkostenverfahren

a) Bestimmung des Fertigungsmaterials, des Fertigungslohns und der Fertigungszeit je Produktart:

	A	B	Summe
Fertigungsmaterial [€]	(5.000 St. · 10,0 €/St.) 50.000	(2.000 St. · 25,0 €/St.) 50.000	100.000
Fertigungslohn [€]	(5.000 St. · 14,0 €/St.) 70.000	(2.000 St. · 37,5 €/St.) 75.000	145.000
Fertigungszeit [Std.]	(5.000 St. · 0,2 Std./St.) 1.000	(2.000 St. · 0,55 Std./St.) 1.100	2.100

b) Bestimmung der Zuschlagssätze:
   - Materialgemeinkostenzuschlagssatz

$$\frac{\text{Materialgemeinkosten}}{\text{Materialeinzelkosten}} = \frac{10.000\,€}{100.000\,€} = 0,1 \ (10\,\%)$$

   - Fertigungsgemeinkostenverrechnungssatz

$$\frac{\text{Fertigungsgemeinkosten}}{\text{Fertigungszeit}} = \frac{210.000\,€}{2.100\,\text{Std.}} = 100\,€/\text{Std.}$$

   - Verwaltungs- und Vertriebsgemeinkostenzuschlagssatz

$$\frac{\text{Verwaltungs- und Vertriebsgemeinkosten}}{\text{Herstellkosten der abgesetzten Produkte}} = \frac{80.000\,€}{480.000\,€} = 1/6 \ (16\tfrac{2}{3}\,\%)$$

c) Bestimmung der Selbstkosten für beide Produktarten (Zuschlagskalkulation)

Vgl. dazu ausführlich Friedl (2004), Abschnitt 5.2.4, S. 208 ff.

		Produkt A	Produkt B
	Fertigungsmaterial [€/St.]	10,00	25,00
+	Materialgemeinkosten [€] 10 %	1,00	2,50
+	Fertigungslohn [€/St.]	14,00	37,50
+	Fertigungsgemeinkosten [€] 100 € /Std. (A: 0,2 Std. · 100 €/Std.; B: 0,55 Std. · 100 €/Std.)	20,00	55,00
=	Herstellkosten [€/St.]	45,00	120,00
+	Verwaltungs- und Vertriebsgemeinkos- ten [€] 16 2/3 %	7,50	20,00
=	Selbstkosten [€/St.]	52,50	140,00

⇒ Selbstkosten gesamt: A: 5.000 St. · 52,50 €/St. = 262.500 €

B: 2.000 St. · 140,00 €/St. = 280.000 €

d) Ermittlung des Betriebsergebnisses nach dem Gesamt- und dem Umsatzkosten-verfahren

Vgl. dazu ausführlich Friedl (2004), Abschnitt 5.3.2, S. 229 ff.

Betriebsergebniskonto nach dem Gesamtkostenverfahren			
Soll			**Haben**

• Kosten
  – Fertigungsmaterial
    (100.000 €)
  – Fertigungslohn
    (145.000 €)
  – Gemeinkosten
    (300.000 €)
	545.000 €	• Erlöse der abgesetz-
		ten Mengen
		  – Produkt A
		    (4000 St. · 70 €/St.)
		  – Produkt B
		    (2500 St. · 150 €/St.)
			280.000 €
			
			375.000 €

• Herstellkosten der Be- standsminderung (B: 500 St. · 120 €/St.)	60.000 €	• Herstellkosten der Bestandserhöhung (A: 1000 St. · 45 €/St.)	45.000 €
• **Betriebsgewinn**	**95.000 €**		
	700.000 €		700.000 €

Betriebsergebniskonto nach dem Umsatzkostenverfahren		
Soll		Haben
• Selbstkosten der abgesetzten Produkte		• Erlöse der abgesetzten Mengen
– Produkt A (4000 St. · 52,50 €/St.)	210.000 €	– Produkt A (4000 St. · 70 €/St.) 280.000 €
– Produkt B (2.500 St. · 140,00 €/St.)	350.000 €	– Produkt B (2500 St. · 150 €/St.) 375.000 €
• **Betriebsgewinn**	**95.000 €**	
	655.000 €	655.000 €

Aufgabe 4.2.3: Gesamt- und Umsatzkostenverfahren auf Voll- und Teilkostenbasis

Eine Unternehmung der holzverarbeitenden Industrie stellt Regale für das Möbelhaus AEKI her. Im Folgenden werden die beiden Regalsorten „Sokrates" und „Erasmus" betrachtet.

Mengeninformationen dieser Periode:

	Sokrates	Erasmus
Lagerbestand aus Vorperiode	200 Stück	250 Stück
Produzierte Menge	500 Stück	300 Stück
Abgesetzte Menge	600 Stück	200 Stück
Verbrauchsfolge im Lager	LIFO	LIFO

Wertinformationen dieser Periode:

	Sokrates	Erasmus
Absatzpreis	350,00 €	400,00 €
Materialeinzelkosten	40.000 €	30.000 €
Materialgemeinkosten (variabel)	15.000 €	12.000 €
Materialgemeinkosten (fix)	0 €	0 €
Fertigungslöhne	60.000 €	36.000 €
Fertigungsgemeinkosten (variabel)	18.000 €	9.000 €
Fertigungsgemeinkosten (fix)	9.000 €	9.000 €

Informationen der Vorperiode:

	Billi	Erasmus
Herstellkosten/Stück (Teilkosten)	270 €	280 €
Herstellkosten/Stück (Vollkosten)	290 €	296 €

Die Stückeinzelkosten der aktuellen Periode ergeben sich aus dem Quotienten der Einzelkosten und der hergestellten Stückzahl.

a) Bestimmen Sie die Material- und die Fertigungsgemeinkostenzuschlagsätze für die Teil- und für die Vollkostenrechnung.

b) Berechnen Sie die Herstellkosten/Stück der in dieser Periode gefertigten Produkte auf Teil- und auf Vollkostenbasis.

c) Ermitteln Sie das Betriebsergebnis nach dem Gesamtkostenverfahren

   • auf Teilkostenbasis und

   • auf Vollkostenbasis.

d) Ermitteln Sie das Betriebsergebnis nach dem Umsatzkostenverfahren auf Teilkostenbasis.

Lösung 4.2.3: Gesamt- und Umsatzkostenverfahren auf Voll- und Teilkostenbasis

a) Bestimmung der Material- und Fertigungsgemeinkostenzuschlagssätze

Materialgemeinkostenzuschlagssätze:

$$\Rightarrow \text{Zu Teilkosten: } \frac{\text{Materialgemeinkosten (variabel)}}{\text{Materialeinzelkosten}}$$

$$\Rightarrow \text{Zu Vollkosten: } \frac{\text{Materialgemeinkosten (variabel) + Materialgemeinkosten (fix)}}{\text{Materialeinzelkosten}}$$

Fertigungsgemeinkostenzuschlagssätze:

$$\Rightarrow \text{Zu Teilkosten: } \frac{\text{Fertigungsgemeinkosten (variabel)}}{\text{Fertigungseinzelkosten (Fertigungslöhne)}}$$

$\Rightarrow$ Zu Vollkosten:

$$\frac{\text{Fertigungsgemeinkosten (variabel) + Fertigungsgemeinkosten (fix)}}{\text{Fertigungseinzelkosten (Fertigungslöhne)}}$$

	Sokrates		Erasmus	
	Teilkosten	Vollkosten	Teilkosten	Vollkosten
Materialgemeinkostenzuschlagssätze	$\frac{15.000}{40.000} = 0{,}375$	$\frac{15.000}{40.000} = 0{,}375$	$\frac{12.000}{30.000} = 0{,}400$	$\frac{12.000}{30.000} = 0{,}400$
Fertigungsgemeinkostenzuschlagssätze	$\frac{18.000}{60.000} = 0{,}300$	$\frac{27.000}{60.000} = 0{,}450$	$\frac{9.000}{36.000} = 0{,}250$	$\frac{18.000}{36.000} = 0{,}500$

b) Bestimmung der Herstellkosten pro Stück der gefertigten Produkte auf Teil- und auf Vollkostenbasis (Zuschlagskalkulation)

Vgl. dazu ausführlich Friedl (2004), Abschnitt 5.2.4, S. 208 ff.

- 1. Schritt: Bestimmung der Einzelkosten pro Stück:

	Sokrates	Erasmus
Materialeinzelkosten	$\dfrac{40.000\ \text{€}}{500\ \text{St.}} = 80\ \text{€/St.}$	$\dfrac{30.000\ \text{€}}{300\ \text{St.}} = 100\ \text{€/St.}$
Fertigungseinzelkosten	$\dfrac{60.000\ \text{€}}{500\ \text{St.}} = 120\ \text{€/St.}$	$\dfrac{36.000\ \text{€}}{300\ \text{St.}} = 120\ \text{€/St.}$

- 2. Schritt: Durchführung der Zuschlagskalkulation:

	Sokrates		Erasmus	
	Teilkosten	Vollkosten	Teilkosten	Vollkosten
Materialein-zelkosten	80 €	80 €	100 €	100 €
+ Material-gemeinkosten	(80 € · 0,375) 30 €	(80 € · 0,375) 30 €	(100 € · 0,400) 40 €	(100 € · 0,400) 40 €
+ Fertigungs-einzelkosten	120 €	120 €	120 €	120 €
+ Fertigungs-gemeinkosten	(120 € · 0,300) 36 €	(120 € · 0,450) 54 €	(120 € · 0,250) 30 €	(120 € · 0,500) 60 €
= Herstell-kosten/St.	**266 €**	**284 €**	**290 €**	**320 €**

c) Ermittlung des Betriebsergebnisses nach dem Gesamtkostenverfahren auf Teil- und auf Vollkostenbasis

Vgl. dazu ausführlich Friedl (2004), Abschnitt 5.3.2, S. 229 ff. und Abschnitt 8.4.1, S. 331 ff.

Betriebsergebniskonto nach dem Gesamtkostenverfahren (auf Teilkostenbasis)			
Soll			**Haben**
• Kosten		• Erlöse der abgesetzten Mengen	
− Materialeinzelkosten (70.000 €)		− Sokrates (600 St. · 350,00 €/St.)	210.000 €
− Materialgemeinkosten (27.000 €)		− Erasmus (200 St. · 400 €/St.)	80.000 €
− Fertigungslöhne (96.000 €)			
− Fertigungsgemeinkosten (45.000 €)	238.000 €		
• Herstellkosten der Bestandsminderung (Sokrates: 100 St. · 270 €/St.)	27.000 €	• Herstellkosten der Bestandserhöhung (Erasmus: 100 St. · 290 €/St.)	29.000 €
• **Betriebsgewinn**	**54.000 €**		
	319.000 €		319.000 €

Betriebsergebniskonto nach dem Gesamtkostenverfahren (auf Vollkostenbasis)			
Soll			**Haben**
• Kosten		• Erlöse der abgesetzten Mengen	
– Materialeinzelkosten (70.000 €)		– Sokrates (600 St. · 350,00 €/St.)	210.000 €
– Materialgemeinkosten (27.000 €)		– Erasmus (200 St. · 400 €/St.)	80.000 €
– Fertigungslöhne (96.000 €)			
– Fertigungsgemeinkosten (45.000 €)	238.000 €		
• Herstellkosten der Bestandsminderung (Sokrates: 100 St. · 290 €/St.)	29.000 €	• Herstellkosten der Bestandserhöhung (Erasmus: 100 St. · 320 €/St.)	32.000 €
• **Betriebsgewinn**	**55.000 €**		
	322.000 €		322.000 €

d) Ermittlung des Betriebsergebnisses nach dem Umsatzkostenverfahren auf Teilkostenbasis

Vgl. dazu ausführlich Friedl (2004), Abschnitt 8.4.1, S. 331 ff.

Betriebsergebniskonto nach dem Umsatzkostenverfahren (auf Teilkostenbasis)			
Soll			Haben
• Herstellkosten der abgesetzten Produkt-mengen		• Erlöse der abgesetzten Mengen	
– Sokrates		– Sokrates	
(500 St. · 266 €/St. + 100 St. · 270 €/St.)	160.000 €	(600 St. · 350,00 €/St.)	210.000 €
– Erasmus		– Erasmus	
(200 St. · 290 €/St.)	58.000 €	(200 St. · 400 €/St.)	80.000 €
• Fixkosten Sokrates	9.000 €		
• Fixkosten Erasmus	9.000 €		
• **Betriebsgewinn**	**54.000 €**		
	290.000 €		290.000 €

Aufgabe 4.2.4: Mehrstufige Deckungsbeitragsrechnung und Beurteilung des Gesamt- und Umsatzkostenverfahrens

Die Mankel AG ist ein bekannter Konsumgüterhersteller und mit den Waschmitteln „Weißer Gigant", „Super-Rein", „Color", dem Spülmittel „Prall" sowie den Kosmetikprodukten „Haarfit" und „Zahnglanz" auf dem Markt vertreten. In der vergangenen Periode gelang es dem Unternehmen, folgende Umsatzerlöse mit diesen Produkten zu erzielen:

Produkt	Umsatzerlöse
Weißer Gigant	850.000 €
Super-Rein	395.000 €
Color	650.000 €
Prall	305.000 €
Haarfit	275.000 €
Zahnglanz	145.000 €

Für die Unternehmensleitung sind Kosten in Höhe von 125.000 € angefallen. Des Weiteren sind Verwaltungskosten in Höhe von 180.000 € für die Waschmittel, 80.000 € für das Spülmittel und 90.000 € für die Kosmetikprodukte entstanden. Zusätzlich ist bekannt, dass der Vertrieb für den Unternehmensbereich I (Wasch- und Spülmittel) einerseits und für den Unternehmensbereich II (Kosmetikprodukte) andererseits durch eigenständige Vertriebsabteilungen erfolgt, für die fixe Kosten in Höhe von 220.000 € bzw. 40.000 € berechnet worden sind. Abschließend sind die folgenden variablen und fixen Kosten für die einzelnen Produkte ermittelt worden:

Produkt	variable Kosten	fixe Kosten
Weißer Gigant	360.000 €	90.000 €
Super-Rein	180.000 €	60.000 €
Color	220.000 €	85.000 €
Prall	160.000 €	70.000 €
Haarfit	145.000 €	50.000 €
Zahnglanz	30.000 €	20.000 €

a) Erstellen Sie für die Mankel AG eine mehrstufige Deckungsbeitragsrechnung.

b) Welchen sortimentspolitischen Ratschlag würden Sie angesichts der Ergebnisse der mehrstufigen Deckungsbeitragsrechnung der Mankel AG geben?

c) Die Kostenträgerzeitrechnung kann auch nach dem Gesamt- bzw. nach dem Umsatzkostenverfahren erfolgen.

1. Erläutern Sie kurz die Unterschiede im Aufbau des Gesamt- und Umsatzkostenverfahrens.

2. Nennen Sie je einen Vor- und Nachteil, die mit dem jeweiligen Verfahren verbunden sind.

Lösung 4.2.4: Mehrstufige Deckungsbeitragsrechnung und Beurteilung des Gesamt- und Umsatzkostenverfahrens

a) Bestimmung des Betriebsergebnisses über eine mehrstufige Deckungsbeitragsrechnung

Produkte	Weißer Gigant	Super-Rein	Color	Prall	Haarfein	Zahn-glanz
Periodenerlöse der Produkte (€)	850.000	395.000	650.000	305.000	275.000	145.000
– variable Periodenkosten (€)	360.000	180.000	220.000	160.000	145.000	30.000
= DB I der Produkte (€)	490.000	215.000	430.000	145.000	130.000	115.000
– Produktfixkosten (€)	90.000	60.000	85.000	70.000	50.000	20.000
= DB II der Produkte (€)	400.000	155.000	345.000	75.000	80.000	95.000

Produktgruppe	Waschmittel		Spülmittel	Kosmetikprodukte
DB II jeder Produktgruppe (€)	900.000		75.000	175.000
– Produktgruppenfixkosten (€)	180.000		80.000	90.000
= DB III der Produktgruppen (€)	720.000		– 5.000	85.000

Bereich	I	II
DB III jedes Bereichs (€)	715.000	85.000
– Bereichsfixkosten (€)	220.000	40.000
= DB IV der Bereiche (€)	495.000	45.000

DB IV der Unternehmung (€)	540.000
– Unternehmungsfixkosten (€)	125.000
= Betriebsergebnis	415.000

b) Interpretation der mehrstufigen Deckungsbeitragsrechnung:

Vgl. dazu ausführlich Friedl (2004), Abschnitt 8.4.2, S. 338 ff.

Der DB III der Produktgruppe Spülmittel ist negativ. Daher sind hier weitere Kosten- und Erfolgsanalysen erforderlich, die dann eventuell zu einer Eliminati-on der Produktgruppe aus dem Produktionsprogramm führen können. Diese wei-tergehenden Analysen sind aus zweierlei Gründen notwendig: Zum einen enthält die mehrstufige Deckungsbeitragsrechnung keine Aussagen über die Abbaubar-keit der Fixkosten. Zum anderen handelt es sich hier um eine kurzfristige Erfolgs-rechnung, die eine eventuelle Produktelimination, also eine Entscheidung mit langfristiger Natur nicht fundieren kann.

c) 1. Unterschiede im Aufbau des Gesamt- und Umsatzkostenverfahrens

Vgl. dazu ausführlich Friedl (2004), Abschnitt 5.3.2, S. 229 ff.

Verfahren	Beschreibung
Gesamtkostenverfahren	<ul><li>Es erfolgt eine Gegenüberstellung von Um-satz und den nach **Kostenarten** erfassten Ge-samtkosten einer Periode.</li><li>**Bestandsveränderungen** bei Halb- und Fer-tigfabrikaten sind zu berücksichtigen, da sonst eine unterschiedliche Mengenbasis vorliegen würde (Gesamtkosten fallen für die hergestell-te Periodenmenge an; Periodenerlöse für die Absatzmenge); die Herstellkosten der Be-standsminderung werden auf der Sollseite, die Herstellkosten der Bestandserhöhung auf der Habenseite berücksichtigt.</li><li>Das Verfahren ist eine **Ausbringungserfolgs-rechnung**.</li></ul>
Umsatzkostenverfahren	<ul><li>Es erfolgt eine Gliederung der Kosten nach **Produkten**.</li><li>Die Ermittlung des Betriebserfolgs ergibt sich als Differenz zwischen den Erlösen und den **Selbstkosten** der in einer Abrechnungsperio-de abgesetzten Produkte.</li><li>Das Verfahren ist eine **Absatzerfolgsrech-nung**.</li></ul>

2. Gegenüberstellung der Vor- und Nachteile von Gesamt- und Umsatzkostenverfahren

Vgl. dazu ausführlich Friedl (2004), Abschnitt 5.3.3, S. 234 ff.

Verfahren	Beurteilung	
Gesamtkostenverfahren	Vorteile	• Der rechnerische **Aufbau ist einfach** und stellt nur geringe Anforderungen an die Organisation des Rechnungswesens.
	Nachteile	• Es werden keine Informationen für die Kosten-/Erfolgsanalyse der einzelnen Produkte abgeleitet, da die Kosten nicht den Produkten zugeordnet werden. Der **Erfolgsbeitrag einzelner Produkte** ist somit nicht erkennbar. • Es besteht die Notwendigkeit, die Bestandsveränderungen zu erfassen und zu bewerten. Eine **Inventur** und eine Bestimmung der Herstellkosten ist dazu notwendig und verursacht damit zusätzlichen Aufwand.
Umsatzkostenverfahren	Vorteile	• Eine Erfassung der Bestände und damit eine **Inventur** ist nicht erforderlich. • Es erfolgt nicht nur der Ausweis eines globalen Periodenerfolgs, sondern auch der **Erfolgsbeiträge einzelner Produkte**; eine Kosten-/ Erfolgsanalyse für die einzelnen Produkte ist damit möglich.
	Nachteile	• Es ist ein **aufwändigeres Verfahren**, das höhere Anforderungen an die Organisation des Rechnungswesens stellt. Kosteninformationen können nicht einfach aus der Buchhaltung übernommen werden, sondern sind über die Kostenträgerstückrechnung aufzubereiten.

Aufgabe 4.2.5: Deckungsbeitragsrechnung und Break-even-Analyse

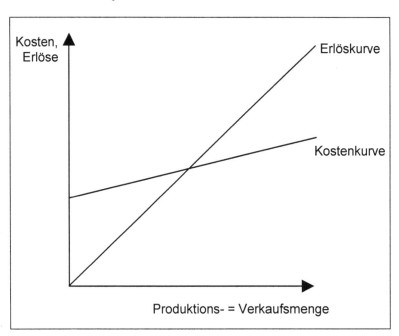

Die gegebene Abbildung zeigt in einem Diagramm den Kurvenverlauf für Erlöse und Kosten eines bestimmten Produkts in Abhängigkeit von der Produktions- bzw. Verkaufsmenge.

a) Erklären Sie in Stichworten, wie die unterschiedlichen Verläufe der Kurven zustande kommen: Wo sind in diesem Diagramm die folgenden Größen ablesbar:

- fixe Kosten,

- variable Kosten,

- der Gewinn der Unternehmung sowie

- der Preis des Produkts?

b) Fertigen Sie eine Freihandskizze an, die die Stückkosten und die Stückerlöse passend zur obigen Abbildung darstellt. Die Dimensionen der Achsen (Mengen einerseits, Kosten bzw. Erlöse andererseits) sollen dabei identisch bleiben. Machen Sie in Ihrer Zeichnung die Bereiche kenntlich, in denen die Unternehmung mit Gewinn bzw. Verlust arbeitet.

c) Geben Sie für die Erlös- und die Kostenkurve die Funktionsgleichungen an (gemäß obiger Abbildung seien beide Kurvenverläufe linear). Definieren Sie dazu eigenständig die Variablen, die Sie benötigen.

d) Ermitteln Sie die Gewinnfunktion (der Gewinn sei die Differenz aus Erlösen und Kosten).

e) Berechnen Sie die Produktionsmenge, bei der die Kosten gleich den Erlösen sind (auch: kritischer Punkt oder „break-even-point" genannt). Interpretieren Sie Ihr Ergebnis, indem Sie einen Bezug zur Deckungsbeitragsrechnung herstellen:

1. Erklären Sie, was ein Deckungsbeitrag ist.

2. Zeigen Sie, wo Sie ihn in Ihren Rechnungen wiederfinden.

Lösung 4.2.5: Deckungsbeitragsrechnung und Break-even-Analyse

a) Die Größen sind in dem Diagramm wie folgt abzulesen:

- fixe Kosten: Achsenabschnitt der Kostenkurve.

- variable Kosten: Steigung der Kostenkurve.

- der Gewinn der Unternehmung: Abstand zwischen der Erlös- und der Kostenkurve rechts von dem Schnittpunkt der beiden Kurven (links davon liegt ein Verlust vor).

- der Preis des Produkts: Steigung der Erlöskurve (der Preis ist der Stückerlös).

b) Die Lösung ist in der folgenden Abbildung dargestellt:

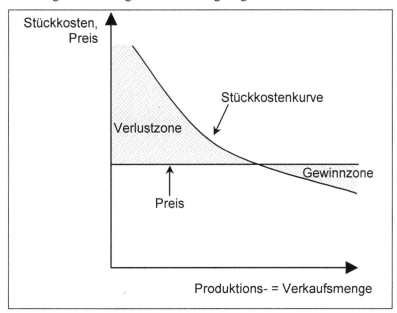

Der Stückerlös bzw. Preis ist konstant. Die Stückkostenkurve zeigt einen abnehmenden Verlauf, da die Fixkosten auf eine größere Menge verteilt werden, sodass die Stückkosten sinken. Rechts des Schnittpunktes wird ein Gewinn erzielt, da der Stückerlös die Stückkosten übersteigt. Links des Schnittpunktes liegt ein Verlust vor, da die Stückkosten größer als die Stückerlöse sind.

c) Funktionsgleichungen der Erlös- und Kostenkurve

Erlöskurve: $E(x) = p \cdot x$

mit $E(x)$ = Erlöse der Unternehmung,
                p = Absatzpreis,
                x = Absatzmenge.

Kostenkurve: $K(x) = K_f + k_v \cdot x$

mit $K(x)$ = Gesamtkosten der Unternehmung,
                K_f = fixe Kosten der Unternehmung,
                k_v = variable Stückselbstkosten.

d) Ermittlung der Gewinnfunktion

$$G(x) = E(x) - K(x) = p \cdot x - (K_f + k_v \cdot x) = x \cdot (p - k_v) - K_f$$

e) Ermittlung der Break-even-Menge

Bei der Break-even-Menge ($\hat{x}$) liegt ein Gewinn von Null vor (Gewinnschwelle):

$$G(x) \doteq 0 \; \Rightarrow \; \hat{x} \cdot (p - k_v) - K_f = 0 \; \Leftrightarrow \; \hat{x} = \frac{K_f}{(p - k_v)}$$

Ein Deckungsbeitrag ist die Differenz aus dem Preis oder Stückerlös eines Produkts und den variablen Stückkosten, die es verursacht hat ($p - k_v$). Der Deckungsbeitrag ist der wertmäßige Betrag, den ein Produkt durch seinen Verkauf zur Deckung der fixen Kosten der Unternehmung beiträgt. Erst wenn alle Fixkosten einer Periode durch die Summe aller Stückdeckungsbeiträge der abgesetzten Menge (= Periodendeckungsbeitrag, ($\hat{x} \cdot (p - k_v)$) bezahlt sind, kann eine Unternehmung Gewinne erzielen. Dieser Sachverhalt wird durch die obige Formel ausgedrückt.

5   Teilrechnungsübergreifende Aufgaben

Aufgabe 5.1: Kostenrechnung bei der Chip AG

Die Chip AG hat sich auf die Fertigung eines Chips in großen Stückzahlen spezialisiert. Das Produktionsverfahren umfasst mehrere Stufen, die im Rechnungswesen als folgende Endkostenstellen abgebildet werden: Zuschnitt, Beschichtung, Ätzen und Vertrieb. Zusätzlich sind die Hilfs- bzw. Vorkostenstellen Strom, Reparatur und Arbeitsvorbereitung eingerichtet. Die Rechnungsperiode entspricht einem Kalendermonat.

Die Gebäudemiete beträgt 9.600 € pro Monat. Die Anlagen werden mit 1 % pro Monat abgeschrieben, nur die Anlagen in der Arbeitsvorbereitung werden mit 2 % pro Monat abgeschrieben. Für die kalkulatorischen Zinsen werden pro Monat 0,5 % angesetzt.

	Strom	Reparatur	Arbeitsvorbereitung	Zuschnitt	Beschichtung	Ätzen	Vertrieb
Fläche (m^2)	30	10	20	50	50	50	30
Buchwert der Anlagen (€)	200.000	--	100.000	200.000	400.000	400.000	--
Gehälter (€)	1.805	7.600	3.705	1.805	3.610	3.610	7.600

Zwischen den Kostenstellen besteht folgende Leistungsverflechtung:

von \ an	Strom	Reparatur	Arbeitsvorbereitung	Zuschnitt	Beschichtung	Ätzen	Vertrieb
Strom (kWh)	4.000	2.000	4.000	7.000	7.000	7.000	5.000
Reparatur (h)	20	--	10	30	40	20	--
Arbeitsvorbereitung (h)	--	10	--	15	20	15	10

Für die Chip-Produktion werden Siliziumstangen in kleine schmale Scheiben, sogenannte Waffer, geschnitten. In diesem Monat wurde 1.202 m Silizium verarbeitet,
bei einem Preis von 6,0 €/m. Daraus wurden 5.000 Waffer geschnitten.

In der Beschichtung wurde zuerst ein Bestand von 500 Waffern bearbeitet, die im
Vormonat zu 5,0 € pro Stück geschnitten wurden. In diesem Monat wurden insgesamt 4.500 Waffer beschichtet.

In der dritten Stufe werden die Waffer in einzelne Chips getrennt und anschließend
geätzt. Aus 4.000 beschichteten Waffern wurden 80.000 Chips gefertigt, von denen
75.000 die Qualitätsprüfung bestanden haben. Auf Lager befanden sich zu Perioden-
beginn bereits 100 beschichtete Waffer zu 9,0 €/Stück. Die Lagerentnahme erfolgt
nach dem Lifo-Prinzip.

50.000 Chips wurden in diesem Monat verkauft.

a) Verteilen Sie die Kosten auf die Kostenstellen.

b) Führen Sie mit Hilfe des Gleichungsverfahrens die innerbetriebliche Leistungsverrechnung durch und ermitteln Sie die Kosten der Endkostenstellen.

c) Wie hoch sind die Selbstkosten für einen verkauften Chip?

Lösung 5.1: Kostenrechnung bei der Chip AG

a) Verteilung der Kostenträgergemeinkosten auf die Kostenstellen

	Vorkostenstellen			Endkostenstellen			
	Strom	Repa-ratur	Arbeits-vorberei-tung	Zu-schnitt	Beschich-tung	Ätzen	Ver-trieb
Miete (€)[1]	1.200	400	800	2.000	2.000	2.000	1.200
Abschrei-bung (€)[2]	2.000	--	2.000	2.000	4.000	4.000	--
kalkulatori-sche Zinsen (€)[3]	995	--	495	995	1990	1990	--
Gehälter (€)	1.805	7.600	3.705	1.805	3.610	3.610	7.600
Summe (€) (primäre Kosten)	**6.000**	**8.000**	**7.000**	**6.800**	**11.600**	**11.600**	**8.800**

1) Verrechnungssatz für die Mietkosten:

$$\frac{9.600\,€}{30\,m^2 + ... + 30\,m^2} = \frac{9.600\,€}{240\,m^2} = 40\,€/m^2$$

Die Mietkosten ergeben sich dementsprechend als:

Quadratmeterzahl der jeweiligen Kostenstelle $\cdot$ 40 €/m^2.

Z. B. in der Kostenstelle Strom: 30 m$^2 \cdot$ 40 €/m^2 = 1.200 €

2) Bestimmung der kalkulatorischen Abschreibungen:

Die kalkulatorischen Abschreibungen ergeben sich wie folgt:

Buchwert der Anlagen $\cdot$ Prozentsatz.

Z. B. in der Kostenstelle Strom: 200.000 € $\cdot$ 1 % = 2.000 €;

bei der Kostenstelle Arbeitsvorbereitung beträgt der Prozentsatz 2 %!

3) Bestimmung der kalkulatorischen Zinsen über die Restwertmethode:

Berechnung des durchschnittlichen Restbuchwerts über

$dRW_t = 0,5 \cdot (RW_{t-1} + RW_t)$ (mit RW_t = Restwert der Periode t und RW_{t-1} = Restwert der Vorperiode)

Z. B. in der Kostenstelle Strom: 0,5 $\cdot$ (200.000 € + 198.000 €) = 199.000 €

Berechnung der kalkulatorischen Zinsen über

kalkulatorische Zinsen = 0,5 % $\cdot dRW_t$

Z. B. in der Kostenstelle Strom: 0,5 % $\cdot$ 199.000 € = 995 €.

b) Durchführung der innerbetrieblichen Leistungsverrechnung mit Hilfe des Gleichungsverfahrens

- 1. Schritt: Ermittlung der Gesamtleistung der Vorkostenstellen

Strom (kWh):   4.000 + ... + 5.000 =   36.000

Reparatur (h):   20 + ... + 20 + 0   =   120

Arbeitsvorbereitung (h):   0 + 10 + ... + 10   =   70

- 2. Schritt: Aufstellen der Gleichungen:

Strom (x_1):   36.000 x_1 = 6.000 € + 4.000 x_1 + 20 x_2

Reparatur (x_2):   120 x_2 = 8.000 € + 2.000 x_1 + 10 x_3

Arbeitsvorbereitung (x_3):   70 x_3 = 7.000 € + 4.000 x_1 + 10 x_2

- 3. Schritt: Lösung der Gleichungen (dies ist ein möglicher Lösungsweg):

  - Umformung der Gleichung 1: $x_1 = \dfrac{3}{16}$ € $+ \dfrac{1}{1.600}\, x_2$

  - Einsetzen in Gleichung 2 und Auflösen nach x_2:

$$120\, x_2 = 8.000\ € + 2.000 \cdot \left(\frac{3}{16}\ € + \frac{1}{1.600}\, x_2\right) + 10\, x_3$$

$$\Rightarrow 118\frac{3}{4}\, x_2 = 8.375\ \text{€} + 10\, x_3$$

$$\Rightarrow x_2 = 70\frac{10}{19}\ \text{€} + \frac{8}{95}\, x_3$$

- Einsetzen von x_2 in die umgeformte Gleichung 1:

$$x_1 = \frac{3}{16}\ \text{€} + \frac{1}{1.600}\cdot\left(70\frac{10}{19}\ \text{€} + \frac{8}{95}\, x_3\right)$$

$$= \frac{22}{95}\ \text{€} + \frac{1}{19.000}\, x_3$$

- Einsetzen von x_1 und x_2 in Gleichung 3:

$$70\, x_3 = 7.000\ \text{€} + 4000\cdot\left(\frac{22}{95}\ \text{€} + \frac{1}{19.000}\, x_3\right)$$

$$+\, 10\cdot\left(70\frac{10}{19}\ \text{€} + \frac{8}{95}\, x_3\right)$$

$$68\frac{18}{19}\, x_3 = 8631\frac{11}{19}\ \text{€}$$

$$\Rightarrow x_3 = 125\frac{25}{131}\ \text{€/LE} \approx 125{,}19\ \text{€/LE}$$

- Bestimmung von x_1 und x_2 durch Einsetzen von x_3:

$$\mathbf{x_1} = \frac{22}{95}\ \text{€} + \frac{1}{19.000}\cdot 125\frac{25}{131}$$

$$= \frac{156}{655}\ \text{€/LE} \approx 0{,}2382\ \text{€/LE}$$

$$\mathbf{x_2} = 70\frac{10}{19}\ \text{€} + \frac{8}{95}\cdot 125\frac{25}{131}$$

$$\approx \mathbf{81{,}07\ \text{€/LE}}$$

- 4. Schritt: Bestimmung der Kosten der Endkostenstellen:

Kostenstellen / Kostenarten	Strom	Reparatur	Arbeitsvorbereitung	Zuschnitt	Beschichtung	Ätzen	Vertrieb
Primäre Kosten (€)	6.000	8.000	7.000	6.800	11.600	11.600	8.800
Umlage (1)	↳ −6.000			(7.000 · 0,2382) 1667,40	(7.000 · 0,2382) 1667,40	(7.000 · 0,2382) 1667,40	(5.000 · 0,2382) 1191,00
Umlage (2)		↳ −8.000		(30 · 81,07) 2432,10	(40 · 81,07) 3242,80	(20 · 81,07) 1621,40	(0 · 81,07) 0,00
Umlage (3)			↳ −7.000	(15 · 125,19) 1877,85	(20 · 125,19) 2503,80	(15 · 125,19) 1877,85	(10 · 125,19) 1251,90
Summe der sekundären Kosten (€)	--	--	--	5.977,35	7.414,40	5.166,65	2.442,90
Summe aus primären und sekundären Kosten (€)	0	0	0	12.777,00	19.014,40	16.766,65	11.242,90

(*Anmerkung:* Die Umlage ist vereinfacht dargestellt, da die innerbetrieblichen Leistungen zwischen den Vorkostenstellen aus Gründen der Übersichtlichkeit nicht abgebildet werden.)

c) Durchführung einer mehrstufigen Divisionskalkulation zur Bestimmung der Selbstkosten eines abgesetzten Chips:

- 1. Stufe: Zuschnitt:
  - Berechnung der Materialkosten (Silizium):

    1.202 m · 6,0 €/m = 7.212,00 €
  - Berechnung der Herstellkosten eines geschnittenen Waffers (5.000 Waffer wurden hergestellt):

    $$\Rightarrow \frac{7.212,00\ € + 12.777,00\ €}{5.000\ \text{St.}} = 3,9978\ € \approx 4,00\ €/\text{St.}$$

- 2. Stufe: Beschichtung:

  Hier ist die Verbrauchsfolge zu beachten. 4.500 Waffer werden beschichtet, wovon 500 Stück zu Herstellkosten von 5,0 €/Stück aus dem Vormonat und 4.000 Stück zu Herstellkosten von 4,0 €/Stück aus der aktuellen Produktion stammen. Dies führt zu folgenden Herstellkosten eines beschichteten Waffers:

  $$\frac{4.000 \text{ Stk.} \cdot 4,0 \text{ €/St.} + 500 \text{ St.} \cdot 5,0 \text{ €/St.} + 19.014,40 \text{ €}}{4.500 \text{ St.}} \approx 8,34 \text{ €/St.}$$

- 3. Stufe: Ätzen:

  4.000 beschichtete Waffer gehen in diese dritte Produktionsstufe. Da aus der aktuellen Produktion 4.500 beschichtete Waffer hervorgegangen sind und das Lifo-Prinzip Anwendung findet, wird dieser Bedarf von 4.000 beschichteten Waffern vollständig aus der laufenden Produktion (mit Herstellkosten in Höhe von 8,34 €/Stk.) gedeckt. Von den gefertigten 80.000 Chips bestehen nur 75.000 Chips die Qualitätsprüfung, sodass auf diese die Kosten umgelegt werden müssen. Dies führt zu folgenden Herstellkosten eines Chips:

  $$\frac{4.000 \text{ St.} \cdot 8,34 \text{ €/St.} + 16.766,65 \text{ €}}{75.000 \text{ St.}} \approx 0,67 \text{ €/St.}$$

- 4. Stufe: Vertrieb:

  Von den produzierten Chips werden 50.000 Chips verkauft, sodass sich folgende Selbstkosten eines verkauften Chips ergeben:

  $$\frac{50.000 \text{ St.} \cdot 0,67 \text{ €/St.} + 11.242,90 \text{ €}}{50.000 \text{ St.}} \approx 0,89 \text{ €/St.}$$

Aufgabe 5.2: Kostenrechnung bei der Bike AG

Die Bike AG stellt Fahrräder und Motorroller für den gehobenen Anspruch her.

Die **Materialstelle** ist für die Bestellung und Lagerung der Materialien zuständig. Zudem obliegt ihr die Verteilung der Materialien an die **Fertigungsstelle I** (Fahrradmontage) und die **Fertigungsstelle II** (Motorrollermontage). Eine **Allgemeine Hilfsstelle I** führt Wartungen und Reparaturen für beide Fertigungsstellen und für die **Verwaltungsstelle** durch. Die **Allgemeine Hilfsstelle II** übernimmt die Einlagerung der erstellten Fahrräder und Motorroller in das Zwischenlager und ist zudem für die Weiterlieferung an den Vertrieb zuständig. Der Vertrieb von Fahrrädern wird durch die **Vertriebskostenstelle I**, der Vertrieb von Motorrollern durch die **Vertriebskostenstelle II** durchgeführt. In den Vertriebskostenstellen werden Produkte in

Kartons oder in Plastikfolie verpackt, je nachdem ob die Produkte ins Ausland oder ins Inland verkauft wurden. Zudem existiert eine **Verwaltungsstelle**, die für die gesamte Unternehmung zuständig ist. Einen Überblick gibt die folgende Abbildung:

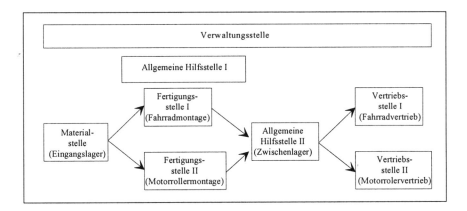

a) Zunächst wird nur die Fahrradproduktion betrachtet:

Ein Fahrrad wird aus zwei Rädern und einem Rahmen gefertigt. Der Zuschlag für Ausschuss bei den Rädern beträgt 5 %, bei den Rahmen 10 %.

Anlieferungen im Materiallager:

Räder:

Datum	Liefermenge	Stückpreis	Frachtkosten
AB	2.000 ME	30 €/ME	---
05.07.04	2.500 ME	32 €/ME	2.000 €
15.07.04	1.600 ME	28 €/ME	1.200 €
25.07.04	2.000 ME	26 €/ME	3.000 €

Rahmen:

Datum	Liefermenge	Stückpreis	Frachtkosten
AB	600 ME	200 €/ME	---
02.07.04	1.700 ME	230 €/ME	5.800 €
12.07.04	600 ME	200 €/ME	5.000 €
21.07.04	1.200 ME	260 €/ME	5.600 €

Im Juli wurden 3.400 Fahrräder gefertigt. Bestimmen Sie die durchschnittlichen Einkaufspreise für Räder und Rahmen, die tatsächlichen Verbrauchskoeffizienten pro Fahrrad, die Materialeinzelkosten pro Fahrrad und Materialeinzelkosten für die gesamte Produktionsmenge an Fahrrädern.

b) Die primären Kosten ergeben sich entsprechend der folgenden Tabelle:

Kostenstelle / Kostenart	Materialstelle	Allgemeine Hilfsstelle I	Fertigungsstelle I	Fertigungsstelle II	Allgemeine Hilfsstelle II	Vertriebsstelle I	Vertriebsstelle II	Verwaltungsstelle
Gehälter (€)	3.000	2.000	22.000	32.000	3.000	8.000	9.000	6.000
Löhne (Trägergemeinkosten) (€)	30.000	5.000	0	0	8.000	4.000	4.000	0
Löhne (Trägereinzelkosten) (€)	0	0	150.000	250.000	0	0	0	0
Raumkosten (€)	3.000	500	19.000	8.000	1.000	500	1.000	500
Abschreibungen (€)	5.000	500	6.000	8.000	200	0	0	0
Betriebsstoffe (€)	3.000	8.600	5.000	14.000	800	800	600	1.000

Zwischen den Kostenstellen existieren die in der folgenden Tabelle abgebildeten Leistungsbeziehungen (Leistungseinheiten):

Empfangend / Liefernd	Mate-ri-alstelle	Allge-meine Hilfs-stelle I	Ferti-gungs-stelle I	Ferti-gungs-stelle II	Allge-meine Hilfs-stelle II	Ver-triebs-stelle I	Ver-triebs-stelle II	Ver-wal-tungs-stelle	Σ Leis-tungs-ein-heiten
Material-stelle	0	20	50	75	5	0	0	0	200
Allgemeine Hilfsstelle I	0	10	55	45	0	0	0	5	115
Fertigungs-stelle I	0	0	0	0	0	0	0	0	155
Fertigungs-stelle II	0	0	5	0	0	0	0	0	175
Allgemeine Hilfsstelle II	0	0	0	0	0	50	100	0	150
Vertriebs-stelle I	0	0	0	0	0	0	0	0	85
Vertriebs-stelle II	0	0	0	0	0	50	0	0	300
Verwal-tungsstelle	0	0	0	0	0	0	0	0	60

Führen Sie die innerbetriebliche Leistungsverrechnung mit einem geeigneten Verfahren durch.

c) Führen Sie eine Kostenträgerstückrechnung für die Fahrräder und für die Motorroller durch. Berücksichtigen Sie dabei folgende Informationen:

- Im Juli wurden 2.100 Motorroller und 3.400 Fahrräder gefertigt.
- Die Materialeinzelkosten pro Motorroller betragen 658 €.
- Die Materialeinzelkosten pro Fahrrad entnehmen Sie aus der Teilaufgabe a).
- Die Materialgemeinkosten werden entsprechend der hergestellten Menge auf Fahrräder und Motorroller verteilt.
- Die Fertigungseinzelkosten für die Fahrräder betragen 150.000 € und für die Motorroller 250.000 €, d. h. pro Fahrrad 44 € (gerundet) und pro Motorroller 120 € (gerundet).
- Es treten Sondereinzelkosten der Fertigung pro Fahrrad in Höhe von 0,40 € auf.
- Die Verwaltungsgemeinkosten werden entsprechend der Herstellkosten auf die Fahrräder und die Motorroller verrechnet.
- Die Vertriebsgemeinkosten werden über die Herstellkosten verrechnet.

- Zusätzlich entstehen folgende Kosten für die Verpackung pro abgesetzter Mengeneinheit:

	Inland (Folie)	Ausland (Karton)
Fahrrad	2,00 €	4,00 €
Motorroller	3,00 €	6,00 €

Lösung 5.2:   Kostenrechnung bei der Bike AG

a) Bestimmung der Materialeinzelkosten (Fahrradproduktion)

- 1. Schritt: Bestimmung der durchschnittlichen Einkaufspreise für die Räder und Rahmen:

Räder:

Datum	Liefermenge	Stückpreis	Frachtkos-ten	Gesamtkosten
AB	2.000 ME	30 €/ME	---	(2.000 ME · 30 €/ME) 60.000 €
05.07.04	2.500 ME	32 €/ME	2.000 €	(2.500 ME · 32 €/ME + 2.000 €) 82.000 €
15.07.04	1.600 ME	28 €/ME	1.200 €	(1.600 ME · 28 €/ME + 1.200 €) 46.000 €
25.07.04	2.000 ME	26 €/ME	3.000 €	(2.000 ME · 26 €/ME + 3.000 €) 55.000 €
Summe	8.100 ME	--	--	243.000 €

Rahmen:

Datum	Liefermenge	Stückpreis	Frachtkosten	Gesamtkosten
AB	600 ME	200 €/ME	---	(600 ME · 200 €/ME) 120.000 €
02.07.04	1.700 ME	230 €/ME	5.800 €	(1.700 ME · 230 €/ME + 5.800 €) 396.800 €
12.07.04	600 ME	200 €/ME	5.000 €	(600 ME · 200 €/ME + 5.000 €) 125.000 €
21.07.04	1.200 ME	260 €/ME	5.600 €	(1.200 ME · 260 €/ME + 5.600 €) 317.600 €
Summe	4.100 ME	--	--	959.400 €

Damit ergeben sich folgende Durchschnittspreise:

- durchschnittlicher Radpreis: $\dfrac{243.000\,€}{8.100\,ME} = 30\,€/ME$

- durchschnittlicher Rahmenpreis: $\dfrac{959.400\,€}{4.100\,ME} = 234\,€/ME$

- 2. Schritt: Bestimmung der tatsächlichen Verbrauchskoeffizienten:

  - bei den Rädern (Ausschussquote von 5 %): 2 ME · 1,05 = 2,10 ME

  - bei den Rahmen (Ausschussquote von 10 %): 1 ME · 1,10 = 1,10 ME

- 3. Schritt: Bestimmung der Materialeinzelkosten für ein Fahrrad und für die gesamte Produktionsmenge:

  - Materialeinzelkosten pro Fahrrad:

    2,10 ME · 30 €/ME + 1,10 ME · 234 €/ME = 320,40 €

  - Materialeinzelkosten für die gesamte Produktion (3.400 ME):

    3.400 ME· 320,40 €/ME = 1.089.360 €

b)   Durchführung der innerbetrieblichen Leistungsverrechnung

- 1. Schritt: Bestimmung der primären Kosten jeder Kostenstelle:

  (zu beachten ist, dass in der Kostenstellenrechnung nur Kostenträgergemein-kosten berücksichtigt werden!)

Kostenstelle / Kostenart	Materi-alstelle	Allge-meine Hilfs-stelle I	Ferti-gungs-stelle I	Ferti-gungs-stelle II	Allge-meine Hilfs-stelle II	Ver-triebs-stelle I	Ver-triebs-stelle II	Ver-wal-tungs-stelle
Gehälter (€)	3.000	2.000	22.000	32.000	3.000	8.000	9.000	6.000
Löhne (Trägerge-meinkos-ten) (€)	30.000	5.000	0	0	8.000	4.000	4.000	0
Raumkos-ten (€)	3.000	500	19.000	8.000	1.000	500	1.000	500
Abschrei-bungen (€)	5.000	500	6.000	8.000	200	0	0	0
Betriebs-stoffe (€)	3.000	8.600	5.000	14.000	800	800	600	1.000
Summe (€)	44.000	16.600	52.000	62.000	13.000	13.300	14.600	7.500

- 2. Schritt: Durchführung der innerbetrieblichen Leistungsverrechnung:

  Die beiden allgemeinen Hilfsstellen stellen Vorkostenstellen dar, während die anderen Kostenstellen gemäß der üblichen Gliederung im Betriebsabrech-nungsbogen als Endkostenstellen betrachtet werden. Da keine wechselseitigen Lieferbeziehungen zwischen den Kostenstellen bestehen und die Vorkosten-stellen untereinander keinen Leistungsaustausch vornehmen, kommt das An-bauverfahren zur Anwendung.

Kostenstelle / Kostenart	Materi-alstelle	Allge-meine Hilfsstelle I	Ferti-gungs-stelle I	Ferti-gungs-stelle II	Allge-meine Hilfs-stelle II	Ver-triebs-stelle I	Ver-triebs-stelle II	Verwal tungs-stelle
Primäre Kosten (€)	44.000	16.600	52.000	62.000	13.000	13.300	14.600	7.500
Umlage 1[1]	-33.000	4.400	11.000	16.500	1.100	0	0	0
Σ	11.000	21.000	63.000	78.500	14.100	13.300	14.600	7.500
Umlage 2[2]	--	-21.000	11.000	9.000	0	0	0	1.000
Σ	--	0	74.000	87.500	14.100	13.300	14.600	8.500
Umlage 3[3]	--	--	2.500	-2.500	0	0	0	0
Σ	--	--	76.500	85.000	14.100	13.300	14.600	8.500
Umlage 4[4]	--	--	0	0	-14.100	4.700	9.400	0
Σ	--	--	76.500	85.000	0	18.000	24.000	8.500
Umlage 5[5]	--	--	0	0	0	4.000	-4.000	0
Summe (€)	**11.000**	**0**	**76.500**	**85.000**	**0**	**22.000**	**20.000**	**8.500**

1) Verrechnungssatz bei der Umlage 1: $\dfrac{44.000\ €}{200\ LE} = 220\ €/LE$

$\Rightarrow$ Die Allgemeine Hilfsstelle I bekommt damit z. B. 20 LE · 220 €/LE = 4.400 € an sekundären Kosten zugewiesen.

2) Verrechnungssatz bei der Umlage 2: $\dfrac{21.000\ €}{115\ LE - 10\ LE} = 200\ €/LE$

$\Rightarrow$ Die Fertigungsstelle I bekommt damit z. B. 55 LE · 200 €/LE = 11.000 € an sekundären Kosten zugewiesen.

3) Verrechnungssatz bei der Umlage 3: $\dfrac{87.500\ €}{175\ LE} = 500\ €/LE$

$\Rightarrow$ Die Fertigungsstelle I bekommt damit 5 LE · 500 €/LE = 2.500 € an sekundären Kosten zugewiesen.

4) Verrechnungssatz bei der Umlage 4: $\dfrac{14.100\ €}{150\ LE} = 94\ €/LE$

$\Rightarrow$ Die Vertriebsstelle I bekommt damit z. B. 50 LE · 94 €/LE = 4.700 € an sekundären Kosten zugewiesen.

5) Verrechnungssatz bei der Umlage 5: $\dfrac{24.000\ €}{300\ LE} = 80\ €/LE$

$\Rightarrow$ Die Vertriebsstelle I bekommt damit 50 LE $\cdot$ 80 €/LE = 4.000 € an sekundären Kosten zugewiesen.

Die Gesamtkosten der Endkostenstellen sind damit ermittelt worden:
- Materialgemeinkosten   = 11.000 €
- Fertigungsgemeinkosten I   = 76.500 €
- Fertigungsgemeinkosten II   = 85.000 €
- Vertriebsgemeinkosten I   = 22.000 €
- Vertriebsgemeinkosten II   = 20.000 €
- Verwaltungsgemeinkosten   = 8.500 €

c) Durchführung der Kostenträgerstückrechnung für die Fahrräder und die Motorroller (die verwendeten Gemeinkosten sind der Teilaufgabe b) zu entnehmen):

- <u>1. Schritt: Ermittlung der gesamten Materialeinzelkosten der Motorrollerproduktion:</u>

  2.100 ME $\cdot$ 658 €/ME = 1.381.800 €

- <u>2. Schritt: Verteilung der Materialgemeinkosten entsprechend der hergestellten Menge an Fahrrädern und Motorrollern:</u>

  - Materialgemeinkosten (Fahrräder) =

  $$\frac{3.400\ \text{ME}}{3.400\ \text{ME} + 2.100\ \text{ME}} \cdot 11.000\ € = 6.800\ €$$

  $$\Rightarrow \text{Materialgemeinkosten pro Fahrrad} = \frac{6.800\ €}{3.400\ \text{ME}} = 2,0\ €/\text{ME}$$

  - Materialgemeinkosten (Motorroller) =

  $$\frac{2.100\ \text{ME}}{3.400\ \text{ME} + 2.100\ \text{ME}} \cdot 11.000\ € = 4.200\ €$$

  $$\Rightarrow \text{Materialgemeinkosten pro Motorroller} = \frac{4.200\ €}{2.100\ \text{ME}} = 2,0\ €/\text{ME}$$

- <u>3. Schritt: Bestimmung der Fertigungsgemeinkostenzuschlagssätze:</u>

  - Fertigungsstelle I (Fahrradmontage)

  $$\frac{\text{Fertigungsgemeinkosten I}}{\text{Fertigungseinzelkosten (Fahrräder)}} = \frac{76.500\ €}{150.000\ €} = 0,51\,(51\,\%)$$

  - Fertigungsstelle II (Motorrollermontage)

$$\frac{\text{Fertigungsgemeinkosten II}}{\text{Fertigungseinzelkosten (Motorroller)}} = \frac{85.000\,€}{250.000\,€} = 0,34\,(34\,\%)$$

- 4. Schritt: Bestimmung der gesamten Herstellkosten:

		Fahrräder	Motorroller
	Materialeinzelkosten	1.089.360 €	1.381.800 €
+	Materialgemeinkosten	6.800 €	4.200 €
+	Fertigungseinzelkosten	150.000 €	250.000 €
+	Fertigungsgemeinkosten	76.500 €	85.000 €
+	Sondereinzelkosten der Fertigung	1.340 €	0 €
=	Herstellkosten	1.324.000 €	1.721.000 €

- 5. Schritt: Bestimmung der anteiligen Verwaltungsgemeinkosten und der entsprechenden Zuschlagssätze:

Aufteilung der Verwaltungsgemeinkosten entsprechend der Herstellkosten:

- Fahrräder:

Anteilige Verwaltungsgemeinkosten =

$$\frac{\text{Herstellkosten (Fahrräder)}}{\text{Herstellkosten (Fahrräder)} + \text{Herstellkosten (Motorroller)}} \cdot \text{Verwaltungsgemeinkosten}$$

$$= \frac{1.324.000\,€}{1.324.000\,€ + 1.721.000\,€} \cdot 8.500\,€ \approx 3.696\,€$$

⇒ Verwaltungsgemeinkostenzuschlagssatz (Fahrräder)

$$= \frac{\text{Verwaltungsgemeinkosten (Fahrräder)}}{\text{Herstellkosten (Fahrräder)}} = \frac{3.696\,€}{1.324.000\,€} \approx 0,0028\,(0,28\,\%)$$

- Motorroller:

Anteilige Verwaltungsgemeinkosten =

$$\frac{\text{Herstellkosten (Motorroller)}}{\text{Herstellkosten (Fahrräder)} + \text{Herstellkosten (Motorroller)}} \cdot \text{Verwaltungsgemeinkosten}$$

$$= \frac{1.721.000\,€}{1.324.000\,€ + 1.721.000\,€} \cdot 8.500\,€ \approx 4.804\,€$$

⇒ Verwaltungsgemeinkostenzuschlagssatz (Motorroller) =

$$\frac{\text{Verwaltungsgemeinkosten (Motorroller)}}{\text{Herstellkosten (Motorroller)}} = \frac{4.804 \, €}{1.721.000 \, €}$$

$$\approx 0,0028 \, (0,28 \, \%)$$

- 6. Schritt: Bestimmung des Vertriebsgemeinkostenzuschlagssatzes:
  - – Vertriebsgemeinkostenzuschlagssatz (Fahrräder):

$$\frac{\text{Vertriebsgemeinkosten I}}{\text{Herstellkosten (Fahrräder)}} = \frac{22.000 \, €}{1.324.000 \, €} \approx 0,0166 \, (1,66 \, \%)$$

  - – Vertriebsgemeinkostenzuschlagssatz (Motorroller):

$$\frac{\text{Vertriebsgemeinkosten II}}{\text{Herstellkosten (Motorroller)}} = \frac{20.000 \, €}{1.721.000 \, €} \approx 0,0116 \, (1,16 \, \%)$$

- 7. Schritt: Durchführung der Stückkalkulation:

	Fahrräder	*Ausland*	Motorroller	*Ausland*
Materialeinzel-kosten (€)	320,40		658,00	
+ Materialgemeinkos-ten (€)	2,00		2,00	
+ Fertigungseinzelkos-ten (€)	44,00		120,00	
+ Fertigungsgemein-kosten (€) (Fahrräder: 51 %; Motorroller: 34 %)	22,44		40,80	
+ Sondereinzelkosten der Fertigung (€)	0,40		---	
= **Herstellkosten (€)**	**389,24**	*389,24*	**820,80**	*820,80*
+ Verwaltungsgemein-kosten (€) (Fahrräder: 0,28 %; Motorroller: 0,28 %)	1,09		2,29	
+ Vertriebsgemeinkos-ten (€) (Fahrräder: 1,66 %; Motorroller: 1,16 %)	6,46		9,52	
+ Sondereinzelkosten des Vertriebs (€)	2,00	*4,00*	3,00	*6,00*
= **Selbstkosten (€)**	**398,79**	*400,79*	**835,61**	*838,61*

Aufgabe 5.3: Kostenrechnung bei der Nokirola AG

Die Firma Nokirola AG fertigt Mobiltelefone und Halbleiter-Bauteile. Sie sind im Unternehmungscontrolling für die Erstellung der vierteljährlichen Erfolgsrechnung zuständig. Dazu liegen Ihnen für das letzte Quartal folgende Informationen über die Kostenstellen und die Kosten vor:

- Je Mitarbeiter wird ein Monatsgehalt (brutto) von 4.000 € bezahlt. Im Juni kommen ein halbes Gehalt als Urlaubsgeld und im Dezember ein Gehalt als Weihnachtsgeld hinzu.

- Das Gebäude der Unternehmung wurde für 4.000.000 € erworben und wird auf 50 Jahre linear abgeschrieben. Die Verteilung dieser Kosten erfolgt in der Kostenstellenrechnung nach der Raumgröße.

- Die jährlichen Heizkosten betragen 80.000 € und sind nach einer geeigneten Größe auf die Kostenstellen zu verteilen.

- Die Spezialmaschinen für die Halbleiterfertigung und Montage wurden für 2.200.000 € angeschafft und haben eine erwartete Lebensdauer von insgesamt 16.000 Arbeitsstunden. Die Entsorgungskosten für die Maschinen betragen 200.000 €. Die Maschinen werden leistungsabhängig abgeschrieben.

- Für Forderungsausfälle werden pauschal kalkulatorische Kosten in Höhe von 5 % p.a. des Forderungsvolumens angesetzt und der Verwaltungsstelle belastet.

- Für die kalkulatorischen Zinsen wird ein Zinssatz von 6 % p.a. angesetzt (Verwenden Sie für die Bestimmung der kalkulatorischen Zinsen untenstehende Bilanz).

- Der Mehrheitsaktionär Pfiffig ist bisher im Vertrieb tätig. Er hat von einem anderen Technologieunternehmen ein Gehaltsangebot über 6.000 € pro Monat erhalten.

Für die Berechnung und Verteilung der Kosten auf die Kostenstellen liegen weiterhin folgende Informationen vor:

	Ein-kauf	Repa-ratur	Lager	Halbleiter-fertigung	Montage	Ver-trieb	Verwal-tung
Mitarbeiter	1	2	2	10	13	4	3
Fläche (m²)	15	25	50	150	100	30	30
Maschinen-nutzung (Std.)	--	--	--	600	200	--	--
Verteilung der Zinsen	--	--	1	2	2	--	--

Bilanz zum Quartalsbeginn			
Soll			**Haben**
Anlagevermögen		**Eigenkapital**	
– Grundstücke	1.000.000 €	– gezeichnetes Kapital	500.000 €
– Gebäude	2.010.000 €	– Kapitalrücklagen	2.500.000 €
– Anlagen	2.060.000 €	– Jahresüberschuss	70.000 €
Umlaufvermögen		**Verbindlichkeiten**	
– Roh-/Hilfs-/Betriebsstoffe	2.000.000 €	– Anleihen	4.000.000 €
– Forderungen aus Lieferungen und Leistungen	1.000.000 €	– Verbindlichkeiten gegenüber Kreditinstituten	2.000.000 €
– Sonstige Vermögensgegenstände	1.100.000 €	– erhaltene Anzahlungen	100.000 €
Summe	9.170.000 €	Summe	9.170.000 €

Im betrachteten Quartal wurde für das eigene Unternehmen eine mobile Steuerungseinheit gefertigt. Hierfür wurden drei Mitarbeiter aus der Montage und ein Mitarbeiter aus der Reparaturabteilung abgestellt. Der Aufbau erfolgte in den Räumen der Halbleiterfertigung und belegte ein Fünftel des Platzes. Die Spezialmaschine in der Halbleiterfertigung wurde 100 Stunden beansprucht. Die Kapitalbindung ist zu vernachlässigen.

Der folgenden Tabelle können Sie die Leistungsverflechtung zwischen den Kostenstellen entnehmen:

von \ an	Halbleiterfertigung	Montage	Vertrieb
Einkauf	45 %	45 %	10 %
Reparatur	80 %	20 %	--
Lager	50 %	30 %	20 %

a) Ermitteln Sie die primären Kosten je Kostenstelle und bilden Sie diese in einem Betriebsabrechnungsbogen ab. Bestimmen Sie dabei auch die Kosten, die der Steuerungseinheit direkt zurechenbar sind.

Wie ist der kalkulatorische Unternehmerlohn zu berücksichtigen?

b) Führen Sie die innerbetriebliche Leistungsverrechnung mit einem Verfahren ihrer Wahl durch. Begründen Sie Ihre Verfahrensauswahl.

c) In der folgenden Kostenträgerrechnung können die Kosten der mobilen Steuerungseinheit vernachlässigt werden. Die Montage eines Mobiltelefons dauert fünf Stunden. Hierfür werden vier Halbleiter-Bauteile benötigt, deren Fertigung jeweils eine Stunde dauert. Die zusätzlichen Materialeinzelkosten betragen 50 € je Mobiltelefon. Insgesamt sind Materialeinzelkosten in Höhe von 42.000 € angefallen. Die gesamte Arbeitszeit in der Montage und Halbleiterfertigung beträgt je Kostenstelle 4200 Stunden. Ermitteln sie die Selbstkosten für ein Mobiltelefon. Verwenden Sie dabei für die Vertriebs- und Verwaltungsgemeinkosten einen gemeinsamen Zuschlagssatz.

Lösung 5.3: Kostenrechnung bei der Nokirola AG

a) Verteilung der primären Kosten auf die Kostenstellen

- Bestimmung der Verrechnungssätze:

  - Gehalt pro Mitarbeiter (pro Quartal):

$$\frac{12 \cdot 4.000\,€ + 4.000\,€ + 2.000\,€}{4} = 13.500\,€$$

  - Abschreibung des Gebäudes:

$$\text{Abschreibungsbetrag pro Quartal} = \frac{1}{4} \cdot \frac{4.000.000\,€}{50} = 20.000\,€$$

$$\Rightarrow \text{Abschreibungsbetrag pro m}^2 =$$

$$\frac{20.000\,€}{15\,\text{m}^2 + \ldots + 30\,\text{m}^2} = \frac{20.000\,€}{400\,\text{m}^2} = 50\,€/\text{m}^2$$

  - Heizkosten:

    Die Verteilung der Heizkosten erfolgt über die Fläche.

$$\text{Heizkosten pro m}^2 \text{ (pro Quartal)} = \frac{1}{4} \cdot \frac{80.000\,€}{400\,\text{m}^2} = 50\,€/\text{m}^2$$

  - Bestimmung der kalkulatorischen Abschreibungen (leistungsabhängige Abschreibung):

    Zum Anschaffungswert sind die Entsorgungskosten hinzuzuaddieren.

$$\frac{2.200.000\,€ + 200.000\,€}{16.000\,\text{Std.}} = 150\,€/\text{Std.}$$

$\Rightarrow$ Die Maschinennutzung in diesem Quartal beträgt insgesamt 800 Std. (600 Std. + 200 Std.), sodass sich insgesamt ein kalkulatorischer Abschreibungsbetrag für die Anlagen in Höhe von 120.000 € (800 Std. · 150 €/Std.) ergibt.

- Bestimmung der kalkulatorischen Wagniskosten pro Quartal:

  Das Forderungsvolumen ist der Bilanz zu entnehmen (1.000.000 €).

  $$\frac{1.000.000 \ € \cdot 0,05}{4} = 12.500 \ €$$

- Bestimmung der kalkulatorischen Zinsen pro Quartal:

  Für das abnutzbare Anlagevermögen sind Restwerte anzusetzen.

  – Bestimmung des betriebsnotwendigen Kapitals:

    Bilanziell ausgewiesenes Anlagevermögen

	• Grundstücke	1.000.000 €
	• Gebäude [(2.010.000 € + 1.990.000 €)/2 =]	2.000.000 €
	• Anlagen [(2.060.000 € + 1.940.000 €)/2 =]	2.000.000 €
=	Betriebsnotwendiges Anlagevermögen	5.000.000 €
+	Bilanziell ausgewiesenes Umlaufvermögen	
	• Roh-/Hilfs-/Betriebsstoffe	2.000.000 €
	• Forderungen aus Lieferungen und Leistungen	1.000.000 €
	• Sonstige Vermögensgegenstände	1.100.000 €
=	Betriebsnotwendiges Vermögen	9.100.000 €
–	Abzugskapital (erhaltene Anzahlungen)	100.000 €
=	Betriebsnotwendiges Kapital	9.000.000 €

  – Bestimmung der kalkulatorischen Zinsen pro Quartal:

  $$\frac{9.000.000 \ € \cdot 0,06}{4} = 135.000 \ €$$

- Bestimmung des kalkulatorischen Unternehmerlohns:

  Der kalkulatorische Unternehmerlohn kann nur in Einzelunternehmen oder Personengesellschaften angesetzt werden. Da es sich hier jedoch um eine Kapitalgesellschaft handelt, kann ein kalkulatorischer Unternehmerlohn nicht berücksichtigt werden.

- Verteilung der Kosten und Bestimmung der primären Kosten im Betriebs-abrechnungsbogen:

Da es sich bei der mobilen Steuerungseinheit um ein aktivierbares Anlage-gut handelt, ist hierfür eine Ausgleichsstelle im Betriebsabrechnungsbogen einzurichten, der die entsprechenden Kosten zugerechnet werden (Kosten-trägerverfahren).

Kosten-stellen / Kostenarten	Ein-kauf	Repara-tur	Lager	Halblei-terferti-gung	Monta-ge	Ver-trieb	Verwal-tung	Aus-gleichs-stelle
Gehalt (€)[1]	13.500	13.500	27.000	135.000	135.000	54.000	40.500	54.000
Abschrei-bung Gebäu-de (€)[2]	750	1.250	2.500	6.000	5.000	1.500	1.500	1.500
Heizkosten (€)[3]	750	1.250	2.500	6.000	5.000	1.500	1.500	1.500
Abschrei-bung Anla-gen (€)[4]				75.000	30.000			15.000
Kalkulatori-sches Wagnis (€)							12.500	
Kalkulatori-sche Zinsen (€)[5]			27.000	54.000	54.000			
Primäre Kos-ten	15.000	16.000	59.000	276.000	229.000	57.000	56.000	72.000

1) Das Gehalt pro Kostenstelle ergibt sich aus:

Anzahl der Mitarbeiter der Kostenstelle · 13.500 €/Mitarbeiter.

Da in der Ausgleichsstelle vier Mitarbeiter eingesetzt werden, werden hier 54.000 € (4 Mitarbeiter · 13.500 €/Mitarbeiter) zugerechnet. Da davon drei Mit-arbeiter aus der Kostenstelle Montage und ein Mitarbeiter aus der Kostenstelle Reparatur stammen, sind diese mit entsprechend weniger Kosten zu belasten:

Kostenstelle Reparatur: (2-1) Mitarbeiter · 13.500 €/Mitarbeiter = 13.500 €

Kostenstelle Montage: (13-3) Mitarbeiter · 13.500 €/Mitarbeiter = 135.000 €

2) Die kalkulatorischen Abschreibungen (Gebäude) pro Kostenstelle ergeben sich aus:

Fläche · 50 €/Fläche.

Da die Ausgleichsstelle ein Fünftel des Platzes der Halbleiterfertigung in Anspruch nimmt (30 m^2), ist diese entsprechend zu belasten und die Halbleiterfertigung entsprechend zu entlasten:

Ausgleichsstelle: 30 m^2 · 50 €/m^2 = 1.500 €

Kostenstelle Halbleiterfertigung: (150 m^2 – 30 m^2) · 50 €/m^2 = 6.000 €

3) Die Heizkosten pro Kostenstelle ergeben sich aus:

Fläche · 50 €/Fläche.

Das Vorgehen in Bezug auf die Ausgleichsstelle ist analog zum Vorgehen bei den kalkulatorischen Abschreibungen.

4) Die kalkulatorischen Abschreibungen (Anlagen) pro Kostenstelle ergeben sich aus:

Maschinennutzung (Std.) · 150 €/Std.

Da die Ausgleichsstelle die Spezialmaschine in der Halbleiterfertigung 100 Std. nutzt, ist die Ausgleichsstelle entsprechend zu belasten und die Kostenstelle Halbleiterfertigung entsprechend zu entlasten:

Ausgleichsstelle: 100 Std. · 150 €/Std. = 15.000 €

Kostenstelle Halbleiterfertigung: (600 Std. – 100 Std.) · 150 €/Std. = 75.000 €

5) Die kalkulatorischen Zinsen pro Anteil ergeben sich z. B. für die Kostenstelle Lager aus:

$$\frac{1}{1+2+2} \cdot 135.000\ € = 27.000\ €$$

b) Durchführung der innerbetrieblichen Leistungsverrechnung

Da keine wechselseitigen Lieferbeziehungen zwischen den Kostenstellen sowie keine Lieferbeziehungen zwischen den Vorkostenstellen vorliegen, ermöglicht das **Anbauverfahren** eine verursachungsgerechte Kostenverrechnung.

Durchführung des Anbauverfahrens im Betriebsabrechnungsbogen:

Kostenstellen / Kostenarten	Einkauf	Reparatur	Lager	Halbleiterfertigung	Montage	Vertrieb	Verwaltung	Ausgl.-stelle
Primäre Kosten (€)	15.000	16.000	59.000	276.000	229.000	57.000	56.000	72.000
Umlage 1)	↳1) -15.000			6.750	6.750	1.500	--	--
Umlage 2)		↳2) -16.000		12.800	3.200	--	--	--
Umlage 3)			↳3) -59.000	29.500	17.700	11.800	--	--
Sekundäre Kosten (€)	0	0	0	49.050	27.650	13.300	0	0
Gesamtkosten (€)	0	0	0	325.050	256.650	70.300	56.000	72.000

1) Umlage 1 (15.000 € = 100 %): Die sekundären Kosten z. B. für die Halbleiterfertigung ergeben sich aus:

$0,45 \cdot 15.000 \, € = 6.750 \, €$

2) Umlage 2 (16.000 € = 100 %): Die sekundären Kosten z. B. für die Halbleiterfertigung ergeben sich aus:

$0,80 \cdot 16.000 \, € = 12.800 \, €$

3) Umlage 3 (59.000 € = 100 %): Die sekundären Kosten z. B. für die Halbleiterfertigung ergeben sich aus:

$0,50 \cdot 59.000 \, € = 29.500 \, €$

c) Durchführung der Kostenträgerstückrechnung

- 1. Schritt: Bestimmung der Stundensätze bei der Montage und Halbleiterfertigung

   - Stundensatz Montage: $\dfrac{256.650 \, €}{4.200 \, \text{Std.}} \approx 61,11 \, €/\text{Std.}$

   - Stundensatz Halbleiterfertigung: $\dfrac{325.050 \, €}{4.200 \, \text{Std.}} \approx 77,39 \, €/\text{Std.}$

- 2. Schritt: Bestimmung des Verwaltungs- und Vertriebsgemeinkostenzuschlagssatzes:

Neben den Endkosten der Kostenstellen Halbleiterfertigung und Montage sind die Materialeinzelkosten zu berücksichtigen.

$$\frac{\text{Verwaltungsgemeinkosten} + \text{Vertriebsgemeinkosten}}{\text{Herstellkosten}}$$

$$= \frac{56.000\ € + 70.300\ €}{42.000\ € + 256.650\ € + 325.050\ €} \approx 0{,}2025\ (20{,}25\ \%)$$

- 3. Schritt: Durchführung der Stückkalkulation:

	Materialeinzelkosten	50,00 €
+	Fertigungsgemeinkosten (Montage) (5 Std. · 61,11 €/Std.)	305,55 €
+	Fertigungsgemeinkosten (Halbleiterfertigung) (4 Std. · 77,39 €/Std.)	309,56 €
=	Herstellkosten	665,11 €
+	Verwaltungs- und Vertriebsgemeinkosten (20,25 %)	134,68 €
=	Selbstkosten	799,79 €

Aufgabe 5.4: Kostenrechnung bei der Dasdadi AG

Die Dasdadi AG ist ein bekannter Sportbekleidungshersteller und bei der Fußball-Weltmeisterschaft in Deutschland für die Ausstattung des Betreuungspersonals zuständig. Bei Dasdadi werden dazu mit Hilfe von Schablonen die verschieden Einzelteile aus großen Baumwoll-Stoffbahnen herausgeschnitten, anschließend zusammengenäht und dann gefärbt. Für die Produktion der T-Shirts, Röcke und Hosen liegen Ihnen die folgenden Informationen vor:

Kleidungsstücke Produktionsdaten	T-Shirt	Rock	Hose
Netto-Materialbedarf/Stück	$0{,}6 \text{ m}^2$	$0{,}5 \text{ m}^2$	$0{,}5 \text{ m}^2$
Verschnittfaktor	30 %	10 %	40 %
Zeitbedarf Schneiden (Vorgabezeit/Stück)	3 Minuten	1 Minute	2 Minuten
Zeitbedarf Nähen (Vorgabezeit/Stück)	5 Minuten	3 Minuten	7 Minuten
Zeitbedarf Färben (Vorgabezeit/Stück)	10 Minuten	5 Minuten	15 Minuten
Produktionsmenge	40.000 St.	15.000 St.	25.000 St.

Darüber hinaus wissen Sie, dass der tarifliche Stundenlohn für die Akkordarbeiter bei 12 € liegt. Die Beschaffungsabteilung hat Ihnen außerdem mitgeteilt, dass der Quadratmeterpreis für die verarbeitete Baumwolle 12 € beträgt.

a) Berechnen Sie für jedes Kleidungsstück den Materialverbrauch pro Stück und für die jeweilige Produktionsmenge. Wie heißt das Verfahren, das Sie dabei anwenden?

b) Berechnen Sie für jedes Kleidungsstück die Materialeinzelkosten pro Stück und die Materialeinzelkosten der jeweiligen produzierten Menge.

c) Berechnen Sie für jedes Kleidungsstück die Fertigungseinzelkosten pro Stück und die Fertigungseinzelkosten der jeweiligen produzierten Menge.

d) Aus dem Betriebsabrechnungsbogen liegen Ihnen die Endkosten der Endkostenstellen vor:

Kostenstelle	Material	Fertigungskostenstellen			Verwaltung und Vertrieb
		Schneiden	Nähen	Färben	
Endkosten (€)	136.680	29.600 €	75.600 €	34.000 €	312.570 €

Bestimmen Sie für jede Kostenstelle den entsprechenden Gemeinkostenzuschlagssatz!

e) Ermitteln Sie die Herstellkosten und Selbstkosten pro T-Shirt. Bestimmen Sie anschließend den Periodenerfolg nach dem Gesamtkostenverfahren auf Vollkostenbasis. Dazu werden Ihnen folgende Daten vorgelegt:

Kleidungsstück	T-Shirt	Rock	Hose
Verkaufspreis/Stück	25 €	20 €	30 €
Herstellkosten/Stück (Vollkosten)	?	10,62 €	17,06 €
Selbstkosten/Stück (Vollkosten)	?	13,28 €	21,33 €
Verkaufsmenge	40.000 St.	10.000 St.	25.000 St.

Lösung 5.4: Kostenrechnung bei der Dasdadi AG

a) Bestimmung des Materialverbrauchs

- Bezeichnung des Verfahrens: Rückrechnung (retrogrades Verfahren), da von der Produktionsmenge auf den Materialverbrauch geschlossen wird.

- Bestimmung des Materialverbrauchs pro Stück und pro Produktionsmenge bei Berücksichtigung des jeweiligen Verschnittfaktors:

	T-Shirt	Rock	Hose
Material/Stück (m²)	$0,6 \cdot 1,3 =$ **0,78**	$0,5 \cdot 1,1 =$ **0,55**	$0,5 \cdot 1,4 =$ **0,70**
Materialverbrauch (m²)	$0,78 \cdot 40.000$ = **31.200**	$0,55 \cdot 15.000$ = **8.250**	$0,70 \cdot 25.000$ = **17.500**

b) Bestimmung der Materialeinzelkosten (Quadratmeterpreis: 12 €):

	T-Shirt	Rock	Hose
Materialeinzelkosten/Stück (€)	$0,78 \cdot 12 =$ **9,36**	$0,55 \cdot 12 =$ **6,60**	$0,70 \cdot 12 =$ **8,40**
Materialeinzelkosten (€)	$9,36 \cdot 40.000$ = **374.400**	$6,60 \cdot 15.000$ = **99.000**	$8,40 \cdot 25.000$ = **210.000**

c) Bestimmung der Fertigungseinzelkosten:

- 1. Schritt: Bestimmung des Minutenfaktors:

  Minutenfaktor: $\dfrac{12\,€}{60\,\text{Min.}} = 0{,}2\,€/\text{Min.}$

- 2. Schritt: Bestimmung der Fertigungseinzelkosten:

	T-Shirt	Rock	Hose
Fertigungseinzelkosten/ Stück (€)	$(3 + 5 + 10) \cdot 0{,}2$ = **3,60**	$(1 + 3 + 5) \cdot 0{,}2$ = **1,80**	$(2 + 7 + 15) \cdot 0{,}2$ = **4,80**
Fertigungseinzelkosten (€)	$3{,}60 \cdot 40.000 =$ **144.000**	$1{,}80 \cdot 15.000 =$ **27.000**	$4{,}80 \cdot 25.000 =$ **120.000**

d) Bestimmung der Gemeinkostenzuschlagssätze:

- Materialgemeinkostenzuschlagssatz

  $$\frac{\text{Materialgemeinkosten}}{\text{Materialeinzelkosten}} = \frac{136.680\,€}{374.400\,€ + 99.000\,€ + 210.000\,€}$$

  $$= \frac{136.680\,€}{683.400\,€} = 0{,}2 \ \hat{=}\ 20\,\%$$

- Fertigungsgemeinkostenzuschlagssatz (Kostenstelle Schneiden; aus Übersichtlichkeitsgründen wird im Nenner auf die Dimensionen verzichtet)

  $$\frac{\text{Fertigungsgemeinkosten}_{\text{SCHN}}}{\text{Fertigungseinzelkosten}_{\text{SCHN}}} = \frac{29.600\,€}{0{,}2 \cdot (3 \cdot 40.000 + 1 \cdot 15.000 + 2 \cdot 25.000)}$$

  $$= \frac{29.600\,€}{37.000\,€} = 0{,}8 \ \hat{=}\ 80\,\%$$

- Fertigungsgemeinkostenzuschlagssatz (Kostenstelle Nähen)

  $$\frac{\text{Fertigungsgemeinkosten}_{\text{NÄH}}}{\text{Fertigungseinzelkosten}_{\text{NÄH}}} = \frac{75.600\,€}{0{,}2 \cdot (5 \cdot 40.000 + 3 \cdot 15.000 + 7 \cdot 25.000)}$$

  $$= \frac{75.600\,€}{84.000\,€} = 0{,}9 \ \hat{=}\ 90\,\%$$

- Fertigungsgemeinkostenzuschlagssatz (Kostenstelle Färben)

$$\frac{\text{Fertigungsgemeinkosten}}{\text{Fertigungseinzelkosten}} = \frac{34.000\ €}{0,2 \cdot (10 \cdot 40.000 + 5 \cdot 15.000 + 15 \cdot 25.000)}$$

$$= \frac{34.000\ €}{170.000\ €} = 0,2 \ \hat{=}\ 20\ \%$$

- Verwaltungs- und Vertriebsgemeinkostenzuschlagssatz (die Fertigungseinzel- und Fertigungsgemeinkosten setzen sich aus den Angaben der jeweiligen Fertigungskostenstellen zusammen)

  - 1. Schritt: Bestimmung der Herstellkosten:

$$\text{Herstellkosten} = \underbrace{683.400\ €}_{\text{MEK}} + \underbrace{136.680\ €}_{\text{MGK}}$$

$$+ \underbrace{(37.000\ € + 84.000\ € + 170.000\ €)}_{\text{FEK} = 291.000\ €}$$

$$+ \underbrace{(29.600\ € + 75.600\ € + 34.000\ €)}_{\text{FGK} = 139.200\ €}$$

$$= 1.250.280\ €$$

  - 2. Schritt: Bestimmung des Zuschlagsatzes:

$$\frac{\text{Verwaltungs- und Vertriebsgemeinkosten}}{\text{Herstellkosten}} = \frac{312.570\ €}{1.250.280\ €}$$

$$= 0,25 \ \hat{=}\ 25\ \%$$

g) Bestimmung der Herstellkosten und Selbstkosten pro T-Shirt sowie Durchführung des Gesamtkostenverfahrens auf Vollkostenbasis:

- Kalkulation für das T-Shirt:

Materialeinzelkosten	9,36 €
+ Materialgemeinkosten (20 %)	1,87 €
+ Fertigungseinzelkosten (Schneiden) (3 Min. · 0,2 €/Min.)	0,60 €
+ Fertigungsgemeinkosten (Schneiden; 80 %)	0,48 €
+ Fertigungseinzelkosten (Nähen) (5 Min. · 0,2 €/Min.)	1,00 €
+ Fertigungsgemeinkosten (Nähen; 90 %)	0,90 €

+	Fertigungseinzelkosten (Färben) (10 Min. · 0,2 €/Min.)	2,00 €
+	Fertigungsgemeinkosten (Färben; 20 %)	0,40 €
=	Herstellkosten	16,61 €
+	Verwaltungs-/Vertriebsgemeinkosten (25 %)	4,15 €
=	Selbstkosten	20,76 €

• Gesamtkostenverfahren auf Vollkostenbasis:

Betriebsergebniskonto nach dem Gesamtkostenverfahren (auf Vollkostenbasis)			
Soll			Haben
• Kosten		• Umsatzerlöse	
– Materialeinzelkos- ten (683.400 €)		– T-Shirt (40.000 St · 25 €/St.)	1.000.000 €
– Materialgemein- kosten (136.680 €)		– Rock (10.000 St · 20 €/St.)	200.000 €
– Fertigungseinzel- kosten (291.000 €)		– Hose (25.000 St. · 30 €/St.)	750.000 €
– Fertigungsgemein- kosten (139.200 €)		• Herstellkosten der Be- standserhöhung (Rock)	53.100 €
– Verwaltungs-/ Vertriebsgemein- kosten (312.570 €)		(5.000 St. · 10,62 €/St.)	
	1.562.850 €		
• **Betriebsgewinn**	**440.250 €**		
	2.003.100 €		2.003.100 €

6   Allgemeine Verständnis- und Kontrollfragen zu den Grundlagen der Kostenrechnung

Es folgen 60 Fragen zum Thema Kosten- und Leistungsrechnung in Form einer Checkliste. Diese Fragen sollten innerhalb von 60 Minuten in Stichworten und groben Gedankenskizzen beantwortet werden können. Fragen, die nicht beantwortet werden können, und unvollständige Antworten weisen auf einen Nachholbedarf hin, der durch die Lektüre des Buches und der Vorlesungsunterlagen gedeckt werden sollte.

Frage	*Antwort*		
	klar	unklar	unvoll-ständig
1. Was unterscheidet das interne vom externen Rechnungswesen?	☺	☹	😐
2. Was unterscheidet Aufwendungen von Kosten? Welche Filter durchlaufen Aufwendungen, bevor sie als Kosten in die Kosten- und Leistungsrechnung übernommen werden?	☺	☹	😐
3. Welche Ziele werden mit der Kostenrechnung verfolgt?	☺	☹	😐
4. Was sind relevante Kosten?	☺	☹	😐
5. Welche Möglichkeiten der Wirtschaftlichkeitskontrolle gibt es und wie sind diese zu beurteilen?	☺	☹	😐
6. Was meint der Begriff pagatorisch? Was ist im Gegensatz dazu kalkulatorisch?	☺	☹	😐
7. Was bezeichnen die Begriffe „Tragfähigkeitsprinzip", „Identitätsprinzip", „Verursachungsprinzip"?	☺	☹	😐
8. Warum wird eine Kostenartenrechnung durchgeführt?	☺	☹	😐
9. Welche Beispiele für variable, fixe, sprungfixe und progressive Kosten findet man im privaten wie unternehmerischen Alltag?	☺	☹	😐

10. Inwiefern stellen Fixkosten ein Problem für eine Unternehmung dar? Was kann das Management einer Unternehmung unternehmen, um die Kostenstruktur, also das Verhältnis von fixen zu variablen Kosten zu verändern?   ☺   ☹   ☺

11. Wann unterscheidet man nach Einzel- und Gemeinkosten? Welches Problem tritt auf, wenn Gemeinkosten relativ zu den Einzelkosten an Gewicht gewinnen? Wann tritt dieses Problem eines steigenden Gemeinkostenanteils auf?   ☺   ☹   ☺

12. Welche Beispiele lassen sich für die Kostenkategorien Einzel-, Gemein-, sowie fixe und variable Kosten finden? Sind Einzel- gleich variable und Gemein- gleich fixe Kosten?   ☺   ☹   ☺

13. Welche Verfahren zur mengenmäßigen Feststellung von Materialverbräuchen gibt es? Wie sind sie zu beurteilen?   ☺   ☹   ☺

14. Welche Inhalte findet man in der Regel auf einem Materialentnahmeschein? Wo und wann werden diese Informationen in der Kostenrechnung benötigt?   ☺   ☹   ☺

15. Welche Arten von Personalkosten gibt es? Sind es Einzel- oder Gemeinkosten?   ☺   ☹   ☺

16. Welche Idee verbirgt sich hinter dem Ansatz kalkulatorischer Kosten? Was sind Zusatz- und Anderskosten?   ☺   ☹   ☺

17. Worin unterscheiden sich die Wertansätze für Abschreibungen, Zinsen und Wagnisse in der Kostenrechnung von denen in der Finanzbuchhaltung (Aufwendungen)?   ☺   ☹   ☺

18. Welche Abschreibungsverfahren gibt es und wann sollten welche Verfahren eingesetzt werden?   ☺   ☹   ☺

19. Was ist unter einer „gebrochenen Abschreibung" zu verstehen? Welche Probleme treten bei der Anwendung dieses Abschreibungsverfahrens auf? ☺ ☹ ☺

20. Wie ist das betriebsnotwendige Kapital als Grundlage zur Berechnung kalkulatorischer Zinsen bestimmt? In welcher Quelle, welcher Norm wird festgelegt, wie das betriebsnotwendige Kapital bestimmt wird? ☺ ☹ ☺

21. Was ist das allgemeine Unternehmerwagnis? Wird es in der Kostenrechnung berücksichtigt, wenn ja, wie, wenn nein, warum nicht? ☺ ☹ ☺

22. Welche Idee steht hinter dem Ansatz kalkulatorischer Wagnisse? Welche Arten von Wagnissen gibt es? Was sind im Allgemeinen geeignete Grundlagen für die Berechnung von Wagnissätzen? ☺ ☹ ☺

23. Welches Problem macht eine Kostenstellenrechnung notwendig? Kann und sollte man auf eine Kostenstellenrechnung verzichten, wenn dieses Problem in einem spezifischen Unternehmen nicht vorliegt? ☺ ☹ ☺

24. Welche Funktionen erfüllt die Kostenstellenrechnung und welche Anforderungen an die Kostenstellenbildung ergeben sich daraus? ☺ ☹ ☺

25. Was ist eine Kostenstelle? Nach welchen Prinzipien werden Kostenstellen gebildet? Welche Typen von Kostenstellen werden unterschieden? Welches sind archetypische Kostenstellen, die man in den meisten Industrieunternehmen vorfindet? ☺ ☹ ☺

26. Wie nennt man ein unternehmensspezifisches Verzeichnis von Kostenstellen? ☺ ☹ ☺

27. Was ist ein Betriebsabrechnungsbogen? ☺ ☹ ☺

28. Welche (vier) Schritte muss man in einer voll-
    ständigen Kostenstellenrechnung unternehmen,
    wenn man annimmt, dass ein Kostenstellenplan   ☺   ☹   ☺
    sowie ein Verzeichnis der angefallenen Ge-
    meinkosten bereits existiert?

29. Wie sollte man Gemeinkosten am besten auf die
    Kostenstellen verteilen: über Belege oder über   ☺   ☹   ☺
    Verteilungsschlüssel? Warum?

30. Was sind typische Verteilungsschlüssel (Bei-
    spiele)? Verwendet man Mengen- oder Wert-   ☺   ☹   ☺
    größen als Verteilungsschlüssel?

31. Welche Spaltenüberschriften trägt ein Betriebs-
    abrechnungsbogen? Was steht in den Zeilen der   ☺   ☹   ☺
    ersten Spalte eines Betriebsabrechnungsbogens?

32. Was sind innerbetriebliche Leistungen? Worin
    unterscheiden sich aktivierbare und nicht akti-   ☺   ☹   ☺
    vierbare innerbetriebliche Leistungen?

33. Wozu dient die innerbetriebliche Leistungsver-   ☺   ☹   ☺
    rechnung?

34. Welche Arten von (Inter-)Dependenzen (Ab-
    hängigkeitsbeziehungen) zwischen Kostenstel-   ☺   ☹   ☺
    len unterscheidet man?

35. Welche Verfahren werden unter dem Begriff
    Kostenstellenausgleichsverfahren zusammenge-   ☺   ☹   ☺
    fasst?

36. Welche Verfahren werden unter dem Begriff
    Kostenstellenumlageverfahren zusammenge-   ☺   ☹   ☺
    fasst?

37. Worin besteht der Unterschied zwischen Kos-
    tenstellenumlageverfahren und Kostenstellen-   ☺   ☹   ☺
    ausgleichsverfahren?

38. Kann das Stufenverfahren auch dann angewendet werden, wenn wechselseitige innerbetriebliche Leistungsbeziehungen existieren?   ☺   ☹   😐

39. Welche Kostenstellen sollten beim Stufenverfahren zuerst auf die anderen umgelegt werden?   ☺   ☹   😐

40. Welche Konsequenz hat die Anwendung des Kostenträgerverfahrens für den Betriebsabrechnungsbogen?

41. Wozu benötigt man Gemeinkostenzuschlagssätze? Wie werden sie errechnet? Welches sind die typischen Zuschlagsbasen für die Kostenstellen Material, Fertigung, Vertrieb und Verwaltung? Sind dies stets geeignete Basen?   ☺   ☹   😐

42. Was unterscheidet die Herstellkosten der produzierten Menge von den Herstellkosten des Umsatzes?   ☺   ☹   😐

43. Wie berechnen sich die Selbstkosten?   ☺   ☹   😐

44. Wozu dient die Kostenträgerrechnung? Was ist der Unterschied zwischen der Kostenträgerstück- und der Kostenträgerzeitrechnung?   ☺   ☹   😐

45. Was charakterisiert jeweils eine Serienfertigung, eine Massenfertigung, eine Verbundproduktion und eine Sortenfertigung? Welche Auswirkungen haben die Fertigungsverfahren für die Kostenrechnung?   ☺   ☹   😐

46. Was ist eine Äquivalenzziffer? Auf welcher Basis kann sie ermittelt werden?   ☺   ☹   😐

47. Worin liegt das Problem der Zuschlagskalkulation, weswegen man mit anderen Ansätzen wie der Bezugsgrößenkalkulation oder der Prozesskostenrechnung experimentiert?   ☺   ☹   😐

48. Welches sind typische Bezugsgrößen bei der Bezugsgrößenkalkulation? Welches sind die Bezugsgrößen bei der Zuschlagskalkulation?   ☺   ☹   ☺

49. Wann spricht man von „Restgemeinkosten"?   ☺   ☹   ☺

50. Müssen die unterschiedlichen Varianten der Zuschlagskalkulation (einstufig, mehrstufig, summarisch, differenziert) zu identischen Ergebnissen bei den Stückkosten der zu kalkulierenden Produkte kommen?   ☺   ☹   ☺

51. Wann wird die Kalkulation von Kuppelprodukten durchgeführt?   ☺   ☹   ☺

52. Welche Verfahren der Kuppelproduktion gibt es und wann sind diese anzuwenden?   ☺   ☹   ☺

53. Bei welchem der Kalkulationsverfahren – Zuschlagskalkulation, Bezugsgrößenkalkulation, Divisionskalkulation, Äquivalenzziffernkalkulation, Kalkulation von Kuppelprodukten – können fixe und variable Kosten unterschieden werden? Welches Problem entsteht, wenn man diese Unterscheidung nicht trifft? Mit welchem „Rechenverfahren" oder „Rechenansatz" versucht man dem zu begegnen und welche Idee verbirgt sich dahinter?   ☺   ☹   ☺

54. Was wird mit dem Gesamt- und dem Umsatzkostenverfahren ermittelt? Handelt es sich um Verfahren der Voll- oder der Teilkostenrechnung?   ☺   ☹   ☺

55. Kommen Gesamt- und Umsatzkostenverfahren zum selben Ergebnis?   ☺   ☹   ☺

56. Wie ist der Betriebserfolg definiert? Wann ist der Betriebserfolg gleich dem Gewinn laut Gewinn- und Verlustrechnung?   ☺   ☹   ☺

57. Das Gesamt- und das Umsatzkostenverfahren
     sind auch stehende Begriffe des externen Rech-
     nungswesens. Wo sind die Verfahren gesetzlich   ☺   ☹   ☺
     kodifiziert und beschrieben? Worin besteht der
     Unterschied zum internen Rechnungswesen?

58. Was ist ein Deckungsbeitrag? Ist ein Deckungs-
     beitrag eine starre Größe oder lässt sie sich wei-   ☺   ☹   ☺
     ter ausdifferenzieren?

59. Können mit dem Wissen über die Deckungsbei-
     träge einzelner Produkte Entscheidungen über
     das Produktionsprogramm oder über die An-   ☺   ☹   ☺
     nahme bzw. Ablehnung von Zusatzaufträgen ge-
     troffen werden?

60. Sind Sie nun überzeugt davon, dass Controlling
     und Kostenrechnung betriebswirtschaftliche   ☺   ☺   ☺
     Grundpfeiler darstellen?

Teil 3: Aufgaben zu den Systemen der Kostenrechnung

7 Aufgaben zur Standardkostenrechnung

Aufgabe 7.1: Kostenkontrolle und Arten von Abweichungen

In einer Unternehmung soll die Wirtschaftlichkeit einer Kostenstelle auf der Grundlage einer einfach-flexiblen Standardkostenrechnung kontrolliert werden. Für die betrachtete Kostenstelle liegen folgende Daten vor:

Planbeschäftigung	1.000 Stück
Plankosten	8.000 €
Ist-Beschäftigung	600 Stück
Ist-Kosten	4.400 €

Eine Analyse der Plankosten hat ergeben, dass 4.000 € beschäftigungsabhängig sind. Ermitteln Sie den Variator, die Soll-Kosten, die unechte Beschäftigungsabweichung, die echte Beschäftigungsabweichung sowie die Verbrauchsabweichung. Nennen Sie mindestens zwei Ursachen für die festgestellte Verbrauchsabweichung.

Lösung 7.1: Kostenkontrolle und Arten von Abweichungen

– Bestimmung des Variators v

$$v = \frac{\text{variable Plankosten}}{\text{gesamte Plankosten}} \cdot 10 = \frac{4.000 \, €}{8.000 \, €} \cdot 10 = 5\,\%$$

– Bestimmung der Soll-Kosten K^s

- 1. Schritt: Bestimmung der prozentualen Beschäftigungsänderung δ:

$$\delta = \frac{\text{Ist-Beschäftigung} - \text{Planbeschäftigung}}{\text{Planbeschäftigung}} \cdot 100$$

$$= \frac{600 \, \text{St.} - 1.000 \, \text{St.}}{1.000 \, \text{St.}} \cdot 100 = -40\,\%$$

- 2. Schritt: Berechnung der Soll-Kosten K^s:

$$K^s = \text{Plankosten} \cdot (1 + \frac{v}{1.000} \cdot \delta) = 8.000 \, € \cdot (1 - \frac{5}{1.000} \cdot 40) = 6.400 \, €$$

– Bestimmung der unechten Beschäftigungsabweichung uBA

- 1. Schritt: Berechnung der verrechneten Plankosten K^{ver}:

$$K^{ver} = \frac{\text{Plankosten}}{\text{Planbeschäftigung}} \cdot \text{Ist-Beschäftigung}$$

$$= \frac{8.000 \, €}{1.000 \, \text{St.}} \cdot 600 \, \text{St.} = 4.800 \, €$$

- 2. Schritt: Berechnung der unechten Beschäftigungsabweichung uBA:

uBA = Soll-Kosten – verrechnete Plankosten

$$= 6.400 \, € - 4.800 \, € = 1.600 \, €$$

- Alternative Vorgehensweise: Bestimmung als Leerkosten

$$uBA = \text{fixe Plankosten} \cdot (1 - \frac{\text{Ist-Beschäftigung}}{\text{Planbeschäftigung}})$$

$$= 4.000 \, € \cdot (1 - \frac{600 \, \text{St.}}{1.000 \, \text{St.}}) = 1.600 \, €$$

– Bestimmung der echten Beschäftigungsabweichung eBA

eBA = Soll-Kosten – Plankosten = 6.400 € – 8.000 € = –1.600 €

– Bestimmung der Verbrauchsabweichung VA

VA = Ist-Kosten – Soll-Kosten = 4.400 € – 6.400 € = –2.000 €

– Ursachen für die Verbrauchsabweichung VA

- Ursache für die Unterschreitung der Soll-Kosten kann eine Abweichung von dem der Kostenplanung zugrunde liegenden Plan sein. Diese Abweichung kann z. B. die Qualität des verarbeiteten Materials, die Qualifikation der eingesetzten Mitarbeiter, das verwendete Fertigungsverfahren oder die Seriengröße betreffen. In einer einfach-flexiblen Standardkostenrechnung können Teilabweichungen der Verbrauchsabweichung, die durch diese Planabweichungen verursacht werden, nicht ermittelt werden.

- Die Soll-Kosten können fehlerhaft sein, da die Annahme einer linearen Kostenfunktion, die der Variatorberechnung zugrunde liegt, in der Realität nicht erfüllt ist.

Aufgabe 7.2: Variator und Kostenkontrolle

Gegeben ist folgender Auszug aus dem Kostenplan einer Fertigungsstelle:

Kostenart	Plankosten	Variator
Gehälter	28.800 €	0
Hilfslöhne	108.000 €	10
Sonstige Lohnbestandteile	10.940 €	0
Hilfs- und Betriebsstoffe	8.400 €	8
Strom	12.600 €	6
Instandhaltungsmaterial	13.760 €	7,5
Kalkulatorische Abschreibung	72.000 €	0
Kalkulatorische Zinsen	15.500 €	0
Planbeschäftigung (b^p)	12.000 Fertigungsminuten	

Am Ende der Planperiode werden Ist-Kosten (K^i) in Höhe von 360.000 € ausgewiesen. Die Ist-Beschäftigung (b^i) liegt bei 18.000 Fertigungsminuten. Ermitteln Sie die Verbrauchsabweichung.

Lösung 7.2: Variator und Kostenkontrolle

– 1. Schritt: Bestimmung der Soll-Kosten:

- Spaltung der Plankosten mit Hilfe des Variators:

  Die variablen Plankosten werden mit dem Variator wie folgt berechnet:

  $$v = \frac{K_v^p}{K^p} \cdot 10 \Leftrightarrow K_v^p = \frac{1}{10} \cdot v \cdot K^p$$

  Damit ergeben sich die folgenden variablen Plankosten:

Kostenart	Plankosten	Variator	Variable Plankosten	Fixe Plankosten
Gehälter	28.800 €	0	–	28.800 €
Hilfslöhne	108.000 €	10	108.000 €	–
Sonstige Lohnbe-standteile	10.940 €	0	–	10.940 €
Hilfs- und Be-triebsstoffe	8.400 €	8	6.720 €	1.680 €
Strom	12.600 €	6	7.560 €	5.040 €
Instandhaltungs-material	13.760 €	7,5	10.320 €	3.440 €

Kalkulatorische Abschreibung	72.000 €	0	–	72.000 €
Kalkulatorische Zinsen	15.500 €	0	–	15.500 €
Summe	270.000 €		132.600 €	137.400 €

- Ermittlung der variablen Plankosten pro Fertigungsminute k_v^p:

$$k_v^p = \frac{K_v^p}{b^p} = \frac{132.600 \ €}{12.000 \ \text{Min.}} = 11,05 \ €/\text{Min.}$$

- Berechnung der Soll-Kosten K^s:

$$K^s = k_v^p \cdot b^i + K_f^p = 11,05 \ €/\text{Min.} \cdot 18.000 \ \text{Min.} + 137.400 \ € = 336.300 \ €$$

– 2. Schritt: Berechnung der Verbrauchsabweichung:

$$VA = K^i - K^s = 360.000 \ € - 336.300 \ € = 23.700 \ €$$

Aufgabe 7.3: Stufenpläne und Kostenkontrolle

In einer Kostenstelle wird die Produktionsmenge als Bezugsgröße verwendet. Für eine Kostenart liegt folgender Stufenplan vor:

Beschäftigungs-grad — Planwerte	80 %	100 %
Planbeschäftigung	1.760 St.	2.200 St.
Plankosten	243.680 €	300.000 €

In der Planperiode sind 1.540 Stück produziert worden. Hierfür sind Ist-Kosten in Höhe von 230.790 € angefallen.

a) Berechnen Sie die Soll-Kosten.

b) Führen Sie eine Abweichungsanalyse durch.

Lösung 7.3: Stufenpläne und Kostenkontrolle

a) Berechnung der Soll-Kosten

– 1. Schritt: Bestimmung des Ist-Beschäftigungsgrades:

$$\frac{\text{Ist-Beschäftigung}}{\text{Planbeschäftigung}} = \frac{1.540 \, \text{St.}}{2.200 \, \text{St.}} \cdot 100 = 70 \%$$

Die Ist-Beschäftigung liegt unterhalb der beiden Beschäftigungsgrade, für die Kosten geplant worden sind. Die Soll-Kosten können durch lineare Extrapolation aus den Planwerten bestimmt werden.

– 2. Schritt: Bestimmung der Soll-Kosten K^s durch lineare Extrapolation:

$$K^s = 243.680 \text{ €} - \frac{300.000 \text{ €} - 243.680 \text{ €}}{2.200 \text{ St.} - 1.760 \text{ St.}} \cdot (1.760 \text{ St.} - 1.540 \text{ St.}) = 215.520 \text{ €}$$

b) Abweichungsanalyse

– Berechnung der Verbrauchsabweichung VA

  VA = Ist-Kosten – Soll-Kosten = 230.790 € – 215.520 € = 15.270 €

– Berechnung der echten Beschäftigungsabweichung eBA

  eBA = Soll-Kosten – Plankosten = 215.520 € – 300.000 € = –84.480 €

Aufgabe 7.4: Kostenkontrolle und Entscheidung über einen Zusatzauftrag

a) Gegeben ist folgender Auszug aus dem Kostenplan einer Kostenstelle:

Beschäftigungs-grad Planwerte	100 %	120 %
Betriebsstoffkosten	287.500 €	325.000 €
Planbeschäftigung (b^p): 2.500 Stunden		

Am Ende der Periode wird eine Ist-Beschäftigung (b^i) von 2.650 Stunden festgestellt. Die Ist-Kosten (K^i) betragen 360.000 €. Führen Sie für diese Kostenstelle eine Wirtschaftlichkeitskontrolle durch.

b) In der betrachteten Unternehmung ist auf der Grundlage der Daten aus nachfolgender Tabelle die Entscheidung über einen Zusatzauftrag zu treffen, der über 50 Stück eines Produktes P3 lautet. Die Kosteninformationen sind aus der Standardkostenrechnung der Teilaufgabe a gewonnen worden. Sollte der Zusatzauftrag angenommen werden? Geben Sie eine Empfehlung ab.

Produkt / Merkmale	P1	P2	Zusatzauf-trag P3	Kapazität
Produktionskoeffizienten der Produktionsstufe 1	2 Std./St.	6 Std./St.	8 Std./St.	1.000 Std.
Produktionskoeffizienten der Produktionsstufe 2	7 Std./St.	3 Std./St.	–	3.250 Std.
Variable Stückkosten	40 €/St.	45 €/St.	180 €/St.	
Stückpreis	50 €/St.	65 €/St.	215 €/St.	
Stückdeckungsbeitrag	10 €/St.	20 €/St.	35 €/St.	
Optimales Produktionspro-gramm der Periode	350 St.	50 St.		

Lösung 7.4: Kostenkontrolle und Entscheidung über einen Zusatzauftrag

a) Durchführung der Wirtschaftlichkeitskontrolle

Zur Kontrolle der Wirtschaftlichkeit in der Kostenstelle wird ein Ist-Soll-Kostenvergleich durchgeführt, d. h., es wird die Verbrauchsabweichung berechnet.

- 1. Schritt: Bestimmung des Ist-Beschäftigungsgrades:

$$\frac{\text{Ist-Beschäftigung}}{\text{Planbeschäftigung}} = \frac{2.650 \text{ Std.}}{2.500 \text{ Std.}} \cdot 100 = 106\,\%$$

Die Ist-Beschäftigung liegt damit zwischen den beiden angegebenen Plan-Beschäftigungsgraden, sodass die Soll-Kosten durch lineare Interpolation aus den Planwerten bestimmt werden können.

- 2. Schritt: Bestimmung der Soll-Kosten K^s durch lineare Interpolation:

Bei einem Beschäftigungsgrad von 120 % beträgt die Beschäftigung 2.500 Std. · 1,2 = 3.000 Std. Die Soll-Kosten können damit wie folgt berechnet werden:

$$K^s = 287.500 \text{ €} + \frac{325.000 \text{ €} - 287.500 \text{ €}}{3.000 \text{ Std.} - 2.500 \text{ Std.}} \cdot (2.650 \text{ Std.} - 2.500 \text{ Std.})$$
$$= 298.750 \text{ €}$$

- 3. Schritt: Berechnung der Verbrauchsabweichung VA:

$$\text{VA} = \text{Ist-Kosten} - \text{Soll-Kosten} = 360.000 \text{ €} - 298.750 \text{ €} = 61.250 \text{ €}$$

Da die Ist-Kosten deutlich über den Soll-Kosten liegen, deutet dies auf Unwirtschaftlichkeiten hin. Die Differenz müsste aber im Rahmen einer Abweichungsanalyse genauer untersucht werden, um detailliertere Aussagen über die Ursachen dieser Abweichungen treffen zu können. In einer einfach-flexiblen Standardkostenrechnung ist das jedoch nicht möglich.

b) Entscheidung über die Annahme eines Zusatzauftrags

Zusatzaufträge gehen nach der Entscheidung über das Produktionsprogramm der Periode ein. Es ist deshalb zunächst zu prüfen, ob die bei der Realisation des Periodenprogramms verbleibende Restkapazität der Produktionsstufe 1 für die Ausführung des Zusatzauftrags ausreicht.

- 1. Schritt: Überprüfung der Kapazitätsrestriktion der Produktionsstufe 1:

2 Std./St. · 350 St. + 6 Std./St. · 50 St. = 1.000 Std.

Die vorhandene Kapazität von 1.000 Std. ist ausgelastet und reicht nicht aus, um den Zusatzauftrag realisieren zu können (Kapazitätsbedarf von 8 Std./St. · 50 St. = 400 Std.). Zur Schaffung von Kapazitäten ist das optimale Produktionsprogramm der Periode anzupassen.

- 2. Schritt: Bestimmung der relativen Deckungsbeiträge (rd_i) und Bildung der Reihenfolge für die Verdrängung von Produkten aus dem optimalen Produktionsprogramm:

$$rdB_1 = \frac{10\ €}{2\ Std.} = 5\ €\,/\,Std. \qquad (2)$$

$$rdB_2 = \frac{20\ €}{6\ Std.} = 3,33\ €\,/\,Std. \qquad (1)$$

Da das Produkt 2 den niedrigeren relativen Deckungsbeitrag aufweist, wird dieses als erstes verdrängt, um die erforderlichen Kapazitäten zu schaffen.

- 3. Schritt: Bestimmung der erforderlichen Anpassung des optimalen Produktionsprogramms:

  – Elimination des Produktes 2:

  $\Delta x_2 = 50$ St. (Menge im optimalen Produktionsprogramm)

  $\Rightarrow$ Restkapazitätsbedarf: RK = 400 Std. - 50 Std. · 6 Std./St. = 100 Std.

  – Elimination des Produktes 1 zur Schaffung weiterer 100 Std. zusätzlicher Kapazität

  $$\Delta x_1 = \frac{100\ Std.}{2\ Std./St.} = 50\ St.$$

- 4. Schritt: Bestimmung der Preisuntergrenze PUG für den Zusatzauftrag zur Beurteilung seiner Vorteilhaftigkeit:

Die Entscheidung über die Annahme eines Zusatzauftrags kann durch die Berechnung der Preisuntergrenze unterstützt werden. In die Berechnung der Preisuntergrenze müssen die verdrängten Deckungsbeiträge einbezogen werden.

PUG = Variable Stückkosten des Produktes im Zusatzauftrag

$$+ \ \frac{\text{Verdrängte Deckungsbeiträge}}{\text{Produktionsmenge des Zusatzauftrags}}$$

$$= 180 \ \text{€/St.} + \frac{50 \ \text{St.} \cdot 10 \ \text{€/St.} + 50 \ \text{St.} \cdot 20 \ \text{€/St.}}{50 \ \text{St.}} = 210 \ \text{€/St.}$$

Die Preisuntergrenze liegt zwar unter dem Stückpreis (215 €). Jedoch ist gemäß Teilaufgabe a zu berücksichtigen, dass die Unternehmung zumindest in einzelnen Kostenstellen unwirtschaftlich arbeitet und die Ist-Kosten über den in der Kostenrechnung ausgewiesenen Plankosten liegen werden. Der Gewinn von 5 €/St. bzw. der Gesamtgewinn von 250 € ist zu niedrig, um die tatsächlich anfallenden Kosten decken zu können. Wenn keine Kostensenkung bzw. Preiserhöhung möglich ist, sollte der Zusatzauftrag abgelehnt werden.

Aufgabe 7.5: Kostenkontrolle und Spaltung von Abweichungen zweiter Ordnung

Am Ende einer Planperiode wird festgestellt, dass die Ist-Beschäftigung mit der Planbeschäftigung übereinstimmt. Über den Verbrauch eines Betriebsstoffes in einer Kostenstelle liegen folgende Daten vor:

Zeitbezug / Kosteneinflussgröße	Planwert	Ist-Wert
Verbrauch des Betriebsstoffes in der Planperiode	$r^p = 220$ t	$r^i = 240$ t
Preis pro Tonne	$q^p = 9$ €/t	$q^i = 11$ €/t

a) Bestimmen Sie

- die Gesamtabweichung und
- die Abweichung zweiter Ordnung.

b) Verrechnen Sie die Abweichung zweiter Ordnung bei Anwendung

- der proportionalen Methode,
- der symmetrischen Methode,
- der alternativen Methode und
- der kumulativen Methode.

Lösung 7.5: Kostenkontrolle und Spaltung von Abweichungen zweiter Ordnung

a) Gesamtabweichung und Abweichungen erster und zweiter Ordnung

Die Abweichungen werden im Folgenden als Ist-Soll-Abweichungen auf Planbasis berechnet, d. h.

$$\Delta K = r^i \cdot q^i - r^p \cdot q^p$$
$$= (r^p + \Delta r) \cdot (q^p + \Delta q) - r^p \cdot q^p$$
$$= r^p \cdot \Delta q + \Delta r \cdot q^p + \Delta r \cdot \Delta q$$

- Berechnung der Gesamtabweichung

$$\Delta K = K^i - K^p = 240\,t \cdot 11\,€/t - 220\,t \cdot 9\,€/t = 660\,€$$

- Bestimmung der Abweichungen erster und zweiter Ordnung

  • Berechnung der Preisabweichung erster Ordnung ΔK_q

  $$\Delta K_q = r^p \cdot \Delta q = 220\,t \cdot (11€/t - 9€/t) = 440\,€$$

  • Berechnung der Mengenabweichung erster Ordnung ΔK_r

  $$\Delta K_r = \Delta r \cdot q^p = (240\,t - 220\,t) \cdot 9€/t = 180\,€$$

  • Berechnung der Abweichung zweiter Ordnung ΔK_{rq}

  $$\Delta K_{rq} = \Delta r \cdot \Delta q = (240\,t - 220\,t) \cdot (11€/t - 9€/t) = 40\,€$$

b) Verrechnung der Abweichung zweiter Ordnung auf die Abweichungen erster Ordnung

- Anwendung der proportionalen Methode:

$$\Delta K_r = \Delta r \cdot q^p \cdot (1 + \frac{\Delta r \cdot \Delta q}{\Delta r \cdot q^p + r^p \cdot \Delta q}) = 180\,€ \cdot (1 + \frac{40\,€}{180€ + 440€}) = 191,61\,€$$

$$\Delta K_q = r^p \cdot \Delta q \cdot (1 + \frac{\Delta r \cdot \Delta q}{\Delta r \cdot q^p + r^p \cdot \Delta q}) = 440\,€ \cdot (1 + \frac{40\,€}{180\,€ + 440\,€}) = 468,39\,€$$

– Anwendung der symmetrischen Methode:

$$\Delta K_r = \Delta r \cdot q^p + \frac{\Delta r \cdot \Delta q}{2} = 180\ € + \frac{40\ €}{2} = 200\ €$$

$$\Delta K_q = r^p \cdot \Delta q + \frac{\Delta r \cdot \Delta q}{2} = 440\ € + \frac{40\ €}{2} = 460\ €$$

– Anwendung der alternativen Methode:

$$\Delta K_r = r^i \cdot q^i - r^p \cdot q^i = 240\,t \cdot 11\,€/t - 220\,t \cdot 11\,€/t = 220\,€$$

$$\Delta K_q = r^i \cdot q^i - r^i \cdot q^p = 240\,t \cdot 11\,€/t - 240\,t \cdot 9\,€/t = 480\,€$$

– Anwendung der kumulativen Methode:

Der Anteil der Abweichung zweiter Ordnung, der einer Abweichung erster Ordnung zugerechnet wird, hängt bei dieser Methode von der Reihenfolge ab, in der die Teilabweichungen (Mengen- und Preisabweichung) berechnet werden. Im Folgenden werden die Teilabweichungen für beide Reihenfolgen berechnet.

- Reihenfolge r - q:

$$\Delta K_r = r^i \cdot q^i - r^p \cdot q^i = 240\,t \cdot 11\,€/t - 220\,t \cdot 11\,€/t = 220\,€$$

$$\Delta K_q = r^p \cdot q^i - r^p \cdot q^p = 220\,t \cdot 11\,€/t - 220\,t \cdot 9\,€/t = 440\,€$$

- Reihenfolge q - r:

$$\Delta K_q = r^i \cdot q^i - r^i \cdot q^p = 240\,t \cdot 11\ €/t - 240\,t \cdot 9\,€/t = 480\,€$$

$$\Delta K_r = r^i \cdot q^p - r^p \cdot q^p = 240\,t \cdot 9\,€/t - 220\,t \cdot 9\,€/t = 180\,€$$

8   Aufgaben zur Grenzplankostenrechnung

8.1 Aufgaben zur Deckungsbeitragsrechnung

Aufgabe 8.1.1: Fixkostendeckungsrechnung

In einer Unternehmung liegen die folgenden Daten vor:

Bereiche	Bereich A		Bereich B			
Produktgruppen	Produktgruppe I		Produktgruppe II		Produktgruppe III	
Produkte	P1	P2	P3	P4	P5	P6
Menge (in St.)	5.000	9.000	150	330	1.500	3.700
Marktpreis (in €/St.)	1,35	1,00	79,00	85,00	13,50	15,00
Variable Stück- selbstkosten (in €/St.)	0,95	0,79	65,50	59,90	11,24	13,30

Darüber hinaus sind die fixen Periodenkosten für folgende Bezugsobjekte getrennt erfasst worden:

Bereiche	Bereich A		Bereich B			
Produktgruppen	Produktgruppe I		Produktgruppe II		Produktgruppe III	
Produkte	P1	P2	P3	P4	P5	P6
Produktfixkosten (in €)	1.000	800	1.050	4.200	900	2.600
Produktgruppen- fixkosten	1.850 €		1.200 €		2.400 €	
Bereichsfixkosten	–		895 €			
Unternehmungs- fixkosten	1.840 €					

Berechnen Sie unter Verwendung aller Informationen den Stückerfolg für Produkt 3.

Lösung 8.1.1: Fixkostendeckungsrechnung

Aus den gegebenen Daten kann der Stückerfolg mit der Fixkostendeckungsrechnung unter Verwendung der retrograden Kalkulation berechnet werden.

- 1. Schritt: Berechnung der Bezugsgrößen für die Verrechnung der fixen Kosten mit einer mehrstufigen Deckungsbeitragsrechnung:

Bereiche	Bereich A		Bereich B			
Produktgruppen	Produktgruppe I		Produktgruppe II		Produktgruppe III	
Produkte	P1	P2	P3	P4	P5	P6
Erlös	6.750 €	9.000 €	11.850 €	28.050 €	20.250 €	55.500 €
− Variable Kosten	4.750 €	7.110 €	9.825 €	19.767 €	16.860 €	49.210 €
= Deckungsbeitrag I der Produkte	2.000 €	1.890 €	2.025 €	8.283 €	3.390 €	6.290 €
− Produktfixkosten	1.000 €	800 €	1.050 €	4.200 €	900 €	2.600 €
= Deckungsbeitrag II der Produkte	1.000 €	1.090 €	975 €	4.083 €	2.490 €	3.690 €
Deckungsbeitrag I der Produktgruppen	2.090 €		5.058 €		6.180 €	
− Produktgruppenfixkosten	1.850 €		1.200 €		2.400 €	
= Deckungsbeitrag II der Produktgruppen	240 €		3.858 €		3.780 €	
= Deckungsbeitrag I der Bereiche	240 €		7.683 €			
− Bereichsfixkosten	−		895 €			
= Deckungsbeitrag II der Bereiche	240 €		6.788 €			
Deckungsbeitrag der Unternehmung	7.028 €					
− Unternehmungsfixkosten	1.840 €					
= Periodenerfolg	5.188 €					

- 2. Schritt: Berechnung der Zuschlagssätze:

  • Zuschlagssatz zur Verrechnung der Produktfixkosten

$$\frac{\text{Produktfixkosten Produkt 3}}{\text{DBI Produkt 3}} = \frac{1.050\ €}{2.025\ €} \cdot 100 = 51,85\,\%$$

  • Zuschlagssatz zur Verrechnung der Produktgruppenfixkosten

$$\frac{\text{Produktgruppenfixkosten Produktgruppe II}}{\text{DBI Produktgruppe II}} = \frac{1.200\ €}{5.058\ €} \cdot 100 = 23,72\,\%$$

- Zuschlagssatz zur Verrechnung der Bereichsfixkosten

$$\frac{\text{Bereichsfixkosten Bereich B}}{\text{DBI Bereich B}} = \frac{895\,€}{7.683\,€} \cdot 100 = 11,65\,\%$$

- Zuschlagssatz zur Verrechnung der Unternehmungsfixkosten

$$\frac{\text{Unternehmungsfixkosten}}{\text{DB Unternehmung}} = \frac{1.840\,€}{7.028\,€} \cdot 100 = 26,18\,\%$$

- 3. Schritt: Berechnung des Stückerfolges für Produkt 3:

	Marktpreis	79,00 €	
–	Variable Stückkosten Produkt 3	65,50 €	
=	DB I Produkt 3	13,50 €	
–	Anteilige Produktfixkosten Produkt 3	7,00 €	51,85 %
=	DB II Produkt 3	6,50 €	
–	Anteilige Produktgruppenfixkosten Produktgruppe III	1,54 €	23,72 %
=	DB III Produkt 3	4,96 €	
–	Anteilige Bereichsfixkosten Bereich B	0,58 €	11,65 %
=	DB IV Produkt 3	4,38 €	
–	Anteilige Unternehmungsfixkosten	1,15 €	26,18 %
=	Stückerfolg Produkt 3	3,23 €	

Aufgabe 8.1.2: Mehrdimensionale Deckungsbeitragsrechnung

Eine Unternehmung bietet ihre drei Produkte (Produkt 1, 2, 3) in drei verschiedenen Regionen (Region I, II, III) an. Folgende Tabelle zeigt die Periodendeckungsbeiträge, die mit den drei Produkten in den drei Regionen erzielt werden (in T€).

Regionen	Region I			Region II			Region III		
Produkte	P1	P2	P3	P1	P2	P3	P1	P2	P3
DB I der Produkte in den Regionen (in T€)	480	360	790	570	680	420	560	390	450

Für Produkt 1 werden in Zeitschriften der Region I Anzeigen geschaltet. Dafür entstehen Kosten in Höhe von 100 T€. Das Service-Personal in Region II wird in der Bedienung des Produktes 1 ausgebildet, wofür 40 T€ anfallen. Ein Unternehmungsberater führt eine Studie über den Markt für Produkt 1 in Region III durch. Er stellt uns 60 T€ in Rechnung. Für Produkt 2 wird für 150 T€ eine überregionale Werbemaßnahme (Regionen I, II und III) geplant und durchgeführt. Da diese Werbemaßnahme an Besonderheiten der Region II und der Region III angepasst werden muss, entstehen Anpassungskosten in Höhe von 20 T€ für Region 2 und 25 T€ für Region 3. Das Produkt 3 erfordert für die Region III eine etwas andere Verarbeitung. Dazu wird eine Maschine eingesetzt, auf der nur Produkt 3 für Region III bearbeitet wird. Diese Maschine wird in einer Periode mit 40 T€ abgeschrieben. Die Abschreibung einer weiteren Maschine, auf der Produkt 3 für die Regionen I, II und III bearbeitet wird, beträgt 35 T€. Die Produkte 1, 2 und 3 werden auf einer Maschine gefertigt, die mit 30 T€ pro Jahr abgeschrieben wird. Für die Produktion von Produkt 3 ist ein Produktionsleiter zuständig, der ein Gehalt von 20 T€ bezieht. In den Regionen 2 und 3 gibt es jeweils ein Regionallager. Das Lager in Region 2 verursacht fixe Kosten von 18 T€, das in Region 3 dagegen 21 T€. Ein Lager, von dem aus die Produkte 1, 2 und 3 für die Regionen I, II und III ausgeliefert werden, verursacht fixe Periodenkosten in Höhe von 15 T€. Der Vertriebsleiter, der für alle Produkte in allen Regionen verantwortlich zeichnet, bezieht ein Jahresgehalt in Höhe von 30 T€. Die sonstigen Unternehmungskosten lauten über 860 T€. Führen Sie eine mehrdimensionale Deckungsbeitragsrechnung durch, in der Sie folgende Kosten- und Deckungsbeitragskategorien berücksichtigen:

– DB I der Produkte in den Regionen, Produktfixkosten in den Regionen, DB II der Produkte in den Regionen, DB I der Regionen, Fixkosten der Regionen, DB II der Regionen, DB der Unternehmung, Unternehmungsfixkosten bzw.

– DB I der Produkte in den Regionen, Produktfixkosten in den Regionen, DB II der Produkte in den Regionen, DB I der Produkte, Produktfixkosten, DB II der Produkte, DB der Unternehmung und Unternehmungsfixkosten.

Lösung 8.1.2: Mehrdimensionale Deckungsbeitragsrechnung

– Zuordnung der Kostenangaben zu den Fixkostenkategorien

Regionen / Produkte	Region I	Region II	Region III	Regionen I, II, III
Produkt 1	Werbemaßnahme 100	Qualifizierungsmaßnahme 40	Marktforschung 60	
Produkt 2		Anpassungskosten 20	Anpassungskosten 25	Werbemaßnahme 150
Produkt 3			Abschreibung auf Maschine 40	Gehalt des Produktionsleiters 20 Abschreibung auf Maschine 35
Produkte 1, 2, 3		Regionallager 18	Regionallager 21	Abschreibung auf Maschine 30 Gehalt des Vertriebsleiters 30 Auslieferungslager 15 Restkosten 860

– Mehrstufige Deckungsbeitragsrechnung

- Mehrstufige Deckungsbeitragsrechnung für die Reihenfolge „Produkte - Regionen" (in T€)

Regionen	Region I			Region II			Region III		
Produkte	P1	P2	P3	P1	P2	P3	P1	P2	P3
DB I der Produkte in den Regionen	480	360	790	570	680	420	560	390	450
– Produktfixkosten in den Regionen	100			40	20		60	25	40
= DB II der Produkte in den Regionen	380	360	790	530	660	420	500	365	410
DB I der Regionen	1.530			1.610			1.275		
– Fixkosten der Regionen				18			21		
= DB II der Regionen	1.530			1.592			1.254		
DB der Unternehmung	4.376								
– Unternehmungsfixkosten	150 + 20 + 35 + 30 + 30 + 15 + 860 = 1.140								
= Betriebsergebnis	3.236								

- Mehrstufige Deckungsbeitragsrechnung für die Reihenfolge „Regionen - Produkte" (in T€)

Produkte	Produkt 1			Produkt 2			Produkt 3		
Regionen	RI	RII	RIII	RI	RII	RIII	RI	RII	RIII
DB I der Produkte in den Regionen	480	570	560	360	680	390	790	420	450
− Produktfixkosten in den Regionen	100	40	60		20	25			40
= DB II der Produkte in den Regionen	380	530	500	360	660	365	790	420	410
DB I der Produkte	1.410			1.385			1.620		
− Produktfixkosten				150			20 + 35 = 55		
= DB II der Produkte	1.410			1.235			1.565		
DB der Unternehmung	4.210								
− Unternehmungsfixkosten	18 + 21 + 30 + 30 + 15 + 860 = 974								
= Betriebsergebnis	3.236								

8.2 Aufgaben zur Bestimmung des optimalen Produktionsprogramms

Aufgabe 8.2.1: Optimales Produktionsprogramm

Gegeben sind folgende Daten:

Produkte / Merkmale	Produkt 1	Produkt 2	Produkt 3	Produkt 4	Kapazität
Produktionskoeffizienten der Produktionsstufe A	4 Min./St.	6 Min./St.	5 Min./St.	8 Min./St.	800 Min.
Produktionskoeffizienten der Produktionsstufe B	6 Min./St.	7 Min./St.	4 Min./St.	3 Min./St.	1.600 Min.
Absatzobergrenze	80 St.	60 St.	90 St.	100 St.	
Variable Stückkosten	80 €/St.	75 €/St.	110 €/St.	130 €/St.	
Preis	100 €/St.	120 €/St.	140 €/St.	160 €/St.	

Bestimmen Sie das optimale Produktionsprogramm.

Lösung 8.2.1: Optimales Produktionsprogramm

- 1. Schritt: Überprüfung der Kapazitätsrestriktionen:

Es ist zu überprüfen, ob die Kapazitäten der Produktionsstufen A und B ausreichen, um die maximal absetzbaren Mengen (Absatzobergrenzen) der Produkte 1, 2, 3 und 4 produzieren zu können.

- Produktionsstufe A:

    4 Min./St.· 80 St. + 6 Min./St.· 60 St.

    + 5 Min./St.· 90 St. + 8 Min./St.· 100 St. = 1.930 Min. > 800 Min. ⇒ Engpass

- Produktionsstufe B:

    6 Min./St.· 80 St. + 7 Min./St.· 60 St.

    + 4 Min./St.· 90 St. + 3 Min./St.· 100 St. = 1.560 Min. < 1.600 Min.

Produktionsstufe A bildet einen Engpass. Bei Vorliegen eines Engpasses sind die Produkte entsprechend der relativen Deckungsbeiträge in das Programm aufzunehmen.

- 2. Schritt: Berechnung der relativen Deckungsbeiträge und Bestimmung der Reihenfolge für die Einplanung der Produkte:

$$\text{Produkt 1}: \quad rdB_1 = \frac{100\ \text{€/St.} - 80\ \text{€/St.}}{4\ \text{Min.}} = 5\ \text{€/Min.} \qquad (3)$$

$$\text{Produkt 2}: \quad rdB_2 = \frac{120\ \text{€/St.} - 75\ \text{€/St.}}{6\ \text{Min.}} = 7{,}5\ \text{€/Min.} \qquad (1)$$

$$\text{Produkt 3}: \quad rdB_3 = \frac{140\ \text{€/St.} - 110\ \text{€/St.}}{5\ \text{Min.}} = 6\ \text{€/Min.} \qquad (2)$$

$$\text{Produkt 4}: \quad rdB_4 = \frac{160\ \text{€/St.} - 130\ \text{€/St.}}{8\ \text{Min.}} = 3{,}75\ \text{€/Min.} \qquad (4)$$

Aufgrund der relativen Deckungsbeiträge ist zunächst Produkt 2 einzuplanen, anschließend Produkt 3, dann Produkt 1 und schließlich Produkt 4 (je nach Restkapazität).

- 3. Schritt: Bestimmung des optimalen Produktionsprogramms:

Produkt 2: x_2 = 60 St. (Absatzobergrenze)

⇒ Restkapazität Produktionsstufe A:

$$RK_A = 800\ \text{Min.} - 60\ \text{St.}· 6\ \text{Min./St.} = 440\ \text{Min.}$$

Produkt 3: $x_3 = \dfrac{440\ \text{Min.}}{5\ \text{Min./St.}} = 88\ \text{St.}$

Optimales Produktionsprogramm: x_2 = 60 St.; x_3 = 88 St.

Aufgabe 8.2.2: Optimales Produktionsprogramm und Preisgrenzen

a) Die Sorgfältig AG produziert drei Produkte, für die folgende Daten vorliegen:

Produkt Merkmale	Produkt 1	Produkt 2	Produkt 3	Kapazität
Produktionskoeffizienten für Fertigungsstelle A	10 Min./St.	4 Min./St.	6 Min./St.	3.900 Min.
Produktionskoeffizienten für Fertigungsstelle B	4 Min./St.	6 Min./St.	5 Min./St.	5.000 Min.
Absatzobergrenze	200 St.	400 St.	300 St.	
Variable Stückkosten ohne Fertigungsgemeinkosten	22 €/St.	28 €/St.	24 €/St.	
Preis	200 €/St.	180 €/St.	150 €/St.	

Für die Fertigungsgemeinkosten in den Fertigungsstellen A und B liegen aus den beiden Vorperioden die folgenden Informationen vor:

Angaben zu den Fertigungsstellen	Periode	t-2	t-1
Fertigungsstelle A	Fertigungszeit in A	1.200 Min.	1.800 Min.
	Periodenkosten in A	8.000 €	11.000 €
Fertigungsstelle B	Fertigungszeit in B	800 Min.	900 Min.
	Periodenkosten in B	14.600 €	15.800 €

Bestimmen Sie das optimale Produktionsprogramm für die Planperiode t.

b) Nach Abschluss der Programmplanung geht ein Zusatzauftrag der Planlos GmbH über eine Baugruppe G ein. Die Planlos GmbH ist Kunde des Konkurrenten der Sorgfältig AG, der einen unerwartet hohen Bedarf der Planlos GmbH an der Baugruppe G nicht decken kann. Der Bedarf der Planlos GmbH beträgt insgesamt 800 Stück dieser Baugruppe. Die variablen Stückkosten (einschließlich Fertigungsgemeinkosten) der Baugruppe G betragen 50 €/St. Eine Einheit der Baugruppe wird in Kostenstelle A 4 Minuten bearbeitet. In Kostenstelle B wird diese Baugruppe nicht bearbeitet. Die Planlos GmbH bietet für die Baugruppe einen Stückpreis in Höhe von 78 €. Wie würden Sie in dieser Situation entscheiden?

Lösung 8.2.2: Optimales Produktionsprogramm und Preisgrenzen

a) Bestimmung des optimalen Produktionsprogramms

- 1. Schritt: Berechnung der Stückdeckungsbeiträge:

  - Kostenspaltung mit dem Verfahren der mathematischen Kostenauflösung (Bestimmung der variablen Fertigungsgemeinkosten pro Minute):

    Fertigungsstelle A: $\dfrac{11.000\ € - 8.000\ €}{1.800\ \text{Min.} - 1.200\ \text{Min.}} = 5\ €/\text{Min.}$

    Fertigungsstelle B: $\dfrac{15.800\ € - 14.600\ €}{900\ \text{Min.} - 800\ \text{Min.}} = 12\ €/\text{Min.}$

  - Bestimmung der variablen Stückkosten der Produkte

    Produkt 1: $k_{v1} = 10\ \text{Min.} \cdot 5\ €/\text{Min.} + 4\ \text{Min.} \cdot 12\ €/\text{Min.} + 22\ € = 120\ €$

    Produkt 2: $k_{v2} = 4\ \text{Min.} \cdot 5\ €/\text{Min.} + 6\ \text{Min.} \cdot 12\ €/\text{Min.} + 28\ € = 120\ €$

    Produkt 3: $k_{v3} = 6\ \text{Min.} \cdot 5\ €/\text{Min.} + 5\ \text{Min.} \cdot 12\ €/\text{Min.} + 24\ € = 114\ €$

  - Bestimmung der Stückdeckungsbeiträge der Produkte

    Produkt 1: $dB_1 = 200\ €/\text{St.} - 120\ €/\text{St.} = 80\ €/\text{St.}$

    Produkt 2: $dB_2 = 180\ €/\text{St.} - 120\ €/\text{St.} = 60\ €/\text{St.}$

    Produkt 3: $dB_3 = 150\ €/\text{St.} - 114\ €/\text{St.} = 36\ €/\text{St.}$

- 2. Schritt: Überprüfung der Kapazitätsrestriktionen:

  Es ist zu überprüfen, ob die Kapazitäten ausreichen, die maximal absetzbaren Mengen (Absatzobergrenzen) der drei Produkte zu produzieren.

  Fertigungsstelle A: 10 Min./St. · 200 St. + 4 Min./St. · 400 St. + 6 Min./St. · 300 St.

  $\qquad\qquad\qquad = 5.400\ \text{Min.} > 3.900\ \text{Min.} \Rightarrow$ Engpass

  Fertigungsstelle B: 4 Min./St. · 200 St. + 6 Min./St. · 400 St. + 5 Min./St. · 300 St.

  $\qquad\qquad\qquad = 4.700\ \text{Min.} < 5.000\ \text{Min.}$

  Es liegt nur in der Fertigungsstelle A ein Engpass vor. Das optimale Produktionsprogramm kann deshalb mit Hilfe der relativen Deckungsbeiträge geplant werden.

- 3.Schritt: Berechnung der relativen Deckungsbeiträge und Bestimmung der Reihenfolge für die Einplanung der Produkte:

  Produkt 1: $rdB_1 = \dfrac{80\ €}{10\ \text{Min.}} = 8\ €/\text{Min.}$ (2)

  Produkt 2: $rdB_2 = \dfrac{60\ €}{4\ \text{Min.}} = 15\ €/\text{Min.}$ (1)

Produkt 3: $rdB_3 = \dfrac{36\ \text{€}}{6\ \text{Min.}} = 6\ \text{€}/\text{Min.}$ (3)

Aufgrund der relativen Deckungsbeiträge ist zunächst Produkt 2 einzuplanen, anschließend Produkt 1 und dann Produkt 3 (je nach Restkapazität).

– 4. Schritt: Bestimmung des optimalen Produktionsprogramms:

Produkt 2: $x_2 = 400$ St. (Absatzobergrenze)

$\Rightarrow$ Restkapazität: $RK_A = 3.900$ Min. $- 400$ St. $\cdot 4$ Min. $/$ St. $= 2.300$ Min.

Produkt 1: $x_1 = 200$ St. (Absatzobergrenze)

$\Rightarrow$ Restkapazität: $RK_A = 2.300$ Min. $- 200$ St. $\cdot 10$ Min. $/$ St. $= 300$ Min.

Produkt 3: $x_3 = \dfrac{300\ \text{Min.}}{6\ \text{Min.}/\text{St.}} = 50$ St.

Optimales Produktionsprogramm: $x_1 = 200$ St.; $x_2 = 400$ St.; $x_3 = 50$ St.

b) Entscheidung über den Zusatzauftrag

Zur Entscheidung über einen Zusatzauftrag kann die Preisuntergrenze berechnet werden. Da die Produktion der Baugruppe die Kapazität der Fertigungsstelle A belastet, muss bei Annahme des Zusatzauftrags das optimale Produktionsprogramm angepasst werden, um die erforderlichen Kapazitäten zu schaffen. Die dadurch verdrängten Deckungsbeiträge müssen in die Berechnung der Preisuntergrenze einbezogen werden.

– 1. Schritt: Anpassung des Produktionsprogramms:

- Kapazitätsbedarf des Zusatzauftrags = 800 St. $\cdot$ 4 Min./St. = 3.200 Min.

- Elimination des Produktes mit dem geringsten relativen Deckungsbeitrag (Δx_3) aus dem optimalen Periodenprogramm

  $\Delta x_3 = 50$ St. (geplante Menge)

  $\Rightarrow$ verbleibender Kapazitätsbedarf = 3.200 Min. $- 50$ St. $\cdot$ 6 Min./St. = 2.900 Min.

- Elimination des Produktes mit dem nächsthöheren relativen Deckungsbeitrag (Δx_1)

  $\Delta x_1 = 200$ St. (geplante Menge)

  $\Rightarrow$ verbleibender Kapazitätsbedarf = 2.900 Min. $- 200$ St. $\cdot$ 10 Min./St. = 900 Min.

- Elimination des Produktes mit dem höchsten relativen Deckungsbeitrag (Δx_2)

  $\Delta x_2 = \dfrac{900\ \text{Min.}}{4\ \text{Min.}/\text{St.}} = 225$ St.

- 2. Schritt: Berechnung der Preisuntergrenze:

PUG = Variable Stückkosten der Produkte im Zusatzauftrag

$$+ \frac{\text{Verdrängte Deckungsbeiträge}}{\text{Produktionsmenge des Zusatzauftrags}}$$

$$= 50 \ \text{€} / \text{St.} + \frac{200 \ \text{St.} \cdot 80 \ \text{€} / \text{St.} + 225 \ \text{St.} \cdot 60 \ \text{€} / \text{St.} + 50 \ \text{St.} \cdot 36 \ \text{€} / \text{St.}}{800 \ \text{St.}}$$

$$= 89,13 \ \text{€} / \text{St.}$$

Da die Preisuntergrenze über dem von der Planlos GmbH gebotenen Preis in Höhe von 78 € liegt, sollte der Auftrag über 800 St. nicht angenommen werden.

Bei einer kleineren Auftragsgröße werden weniger Produkte aus dem optimalen Produktionsprogramm verdrängt, was geringere Opportunitätskosten und damit eine niedriger Preisuntergrenze zur Folge hat. Es kann damit überlegt werden, ob eine geringere Menge kostendeckend angeboten werden kann. Gesucht ist die Menge, bei der die Erlöse und die Summe aus den variablen Kosten des Zusatzauftrags und der durch ihn verdrängten Deckungsbeiträge (Opportunitätskosten) übereinstimmen bzw. die Preisuntergrenze bei genau 78 €/St. liegt.

- 3. Schritt: Ermittlung der Preisuntergrenze für verschiedene Auftragsgrößen:
  - Elimination von Produkt 3

    Bis zu einer Auftragsgröße von

    $$\frac{50 \ \text{St.} \cdot 6 \ \text{Min.} / \text{St.}}{4 \ \text{Min.} / \text{St.}} = 75 \ \text{St.}$$

    wird nur Produkt 3 eliminiert. In diesem Intervall beträgt die Preisuntergrenze

    $$\text{PUG} = 50 \ \text{€} / \text{St.} + \frac{50 \ \text{St.} \cdot 36 \ \text{€} / \text{St.}}{75 \ \text{St.}} = 74 \ \text{€} / \text{St.}$$

    Die Preisuntergrenze liegt unter dem Absatzpreis der Baugruppe. Die Auftragsgröße kann deshalb über 75 St. hinaus erhöht werden.

  - Elimination von Produkt 3 und von Mengen des Produktes 1

    Bis zu einer Auftragsgröße von

    $$75 \ \text{St.} + \frac{200 \ \text{St.} \cdot 10 \ \text{Min.} / \text{St.}}{4 \ \text{Min.} / \text{St.}} = 575 \ \text{St.}$$

wird zusätzlich zu Produkt 3 auch das Produkt 1 eliminiert. Es ist die von Produkt 1 zu eliminierende Menge (Δx_1) zu berechnen, bei der die Preisuntergrenze bei 78 €/St. liegt, d. h.

$$50 \text{€}/\text{St.} + \frac{50\,\text{St.} \cdot 36\,\text{€}/\text{St.} + \Delta x_1 \cdot 80\,\text{€}/\text{St.}}{50\,\text{St.} \cdot 6\,\text{Min.}/\text{St.} + \Delta x_1 \cdot 10\,\text{Min.}/\text{St.}} \cdot 4\,\text{Min.}/\text{St.} \doteq 78 \text{ €}/\text{St.}$$

$$\Delta x_1 = 30 \text{ St.}$$

- Bestimmung der zugehörigen Auftragsgröße

$$\frac{\text{geschaffene Kapazität}}{\text{Produktionskoeffizient der Baugruppe}}$$

$$= \frac{50\,\text{St.} \cdot 6\,\text{Min.}/\text{St.} + 30\,\text{St.} \cdot 10\,\text{Min.}/\text{St.}}{4\,\text{Min.}/\text{St.}} = 150\,\text{St.}$$

Der Planlos GmbH können 150 Stück der Baugruppe angeboten werden. Bei einer höheren Menge deckt der Preis in Höhe von 78 € nicht mehr die Summe aus den variablen Kosten und den verdrängten Deckungsbeiträgen (Opportunitätskosten). Da es sich bei der Planlos GmbH um einen Kunden des Konkurrenten handelt, sind keine weiteren Aufträge zu erwarten. Ein Verlust sollte deshalb vermieden werden.

Aufgabe 8.2.3: Optimales Produktionsprogramm und Preisgrenze bei unbekannter Auftragsgröße

In einer Unternehmung werden drei Produkte produziert, für die folgende Daten vorliegen:

Produkt / Merkmale	Produkt 1	Produkt 2	Produkt 3	Kapazitätsgrenze
Produktionskoeffizienten für Produktionsstufe A	5 Std./St.	8 Std./St.	6 Std./St.	1.100 Std.
Produktionskoeffizienten für Produktionsstufe B	2 Std./St.	1 Std./St.	3 Std./St.	800 Std.
Absatzobergrenze	100 St.	120 St.	60 St.	
Variable Stückkosten	25 €/St.	100 €/St.	20 €/St.	
Preis	50 €/St.	120 €/St.	80 €/St.	
Stückdeckungsbeitrag	25 €/St.	20 €/St.	60 €/St.	

a) Bestimmen Sie das optimale Produktionsprogramm.

b) Nach Abschluss der Programmplanung geht ein Zusatzauftrag über ein Produkt z ein. Die variablen Stückkosten des Produktes z lauten über 240 €, es konnte ein Stückpreis von 260 € ausgehandelt werden. Die Kapazität wird durch die Produktion einer Einheit des Produktes mit 4 Stunden belastet. Soll der Zusatzauftrag angenommen werden?

Lösung 8.2.3: *Optimales Produktionsprogramm und Preisgrenze bei unbekannter Auftragsgröße*

a) Bestimmung des optimalen Produktionsprogramms

– 1. Schritt: Überprüfung der Kapazitätsrestriktionen:

- Produktionsstufe A:

  5 Std./St.·100 St. + 8 Std./St.·120 St. + 6 Std./St.·60 St.

  = 1.820 Std. > 1.100 Std. $\Rightarrow$ Engpass

- Produktionsstufe B:

  2 Std./St.·100 St. + 1 Std./St.·120 St. + 3 Std./St.·60 St.

  = 500 Std. < 800 Std.

Nur in Produktionsstufe A liegt ein Engpass vor. Das optimale Produktionsprogramm kann mit Hilfe der relativen Deckungsbeiträge geplant werden.

– 2. Schritt: Berechnung der relativen Deckungsbeiträge und Bestimmung der Reihenfolge für die Einplanung der Produkte:

$$rdb_1 = \frac{25 \ €/St.}{5 \ Std./St.} = 5,00 \ €/Std. \quad (2)$$

$$rdb_2 = \frac{20 \ €/St.}{8 \ Std./St.} = 2,5 \ €/Std. \quad (3)$$

$$rdb_3 = \frac{60 \ €/St.}{6 \ Std./St.} = 10,00 \ €/Std. \quad (1)$$

Aufgrund der relativen Deckungsbeiträge ist zunächst Produkt 3 einzuplanen, anschließend Produkt 1 und dann Produkt 2.

– 3. Schritt: Bestimmung des Produktionsprogramms:

Produkt 3: $x_3 = 60$ St.

$\Rightarrow$ Restkapazität: RK_A = 1.100 Std. – 60 St. · 6 Std./St. = 740 Std.

Produkt 1: x_1 = 100 St.

$\Rightarrow$ Restkapazität: RK_A = 740 Std. $-$ 100 St. $\cdot$ 5 Std./St. = 240 Std.

Produkt 2: $x_2 = \dfrac{240 \text{ Std.}}{8 \text{ Std./St.}}$ = 30 St.

Optimales Produktionsprogramm: x_1 = 100 St.; x_2 = 30 St.; x_3 = 60 St.

b) Beurteilung des Zusatzauftrags

Die Auftragsgröße ist nicht bekannt. Da für den Zusatzauftrag jedoch keine auf-tragsgrößenfixen Kosten anfallen, kann zur Beurteilung des Zusatzauftrags die Preisuntergrenze ermittelt werden.

Durch die Realisation des optimalen Produktionsprogramms ist die Kapazität der Produktionsstufe A vollständig ausgelastet. Bei Annahme des Zusatzauftrags muss das optimale Produktionsprogramm deshalb angepasst werden. Hierzu wer-den die Produkte im optimalen Produktionsprogramm in der Reihenfolge steigen-der relativer Deckungsbeiträge aus dem optimalen Produktionsprogramm elimi-niert, bis die zur Realisation des Zusatzauftrags notwendigen Kapazitäten frei sind. Mit zunehmender Auftragsgröße werden immer größere Mengen der Pro-dukte des optimalen Produktionsprogramms verdrängt, was steigende Opportuni-tätskosten und damit steigende Preisuntergrenzen zur Folge hat. Es ist die Auf-tragsgröße zu berechnen, bei der die Preisgrenze mit dem Stückpreis von 260 € identisch ist.

– Elimination von Produkt 2

Bis zu einer Auftragsgröße von

$$\frac{30 \text{ St.} \cdot 8 \text{ Std./St.}}{4 \text{ Std./St.}} = 60 \text{ St.}$$

wird nur Produkt 2 verdrängt. In diesem Intervall beträgt die Preisgrenze

$$PUG = 240 \, \text{€/St.} + \frac{30 \text{ St.} \cdot 20 \, \text{€/St.}}{60 \text{ St.}} = 250 \, \text{€/St.}$$

Da die Preisgrenze unter dem Stückpreis von 260 € liegt, kann der Zusatzauf-trag bis zu einer Auftragsgröße von 60 St. angenommen werden.

– Elimination der Produkt 2 und 1

Wird die Auftragsgröße weiter erhöht, muss auch die geplante Produktions-menge des Produktes 1 verringert werden. Durch die Verdrängung von Produk-tionsmengen der Produkte 2 und 1 kann die Auftragsgröße bis maximal

$$60 \text{ St.} + \frac{100 \text{ St.} \cdot 5 \text{ Std.} / \text{St.}}{4 \text{ Std.} / \text{St.}} = 185 \text{ St.}$$

gesteigert werden. Bei dieser Auftragsgröße liegt die Preisgrenze bei

$$\text{PUG} = 240 \, €/\text{St.} + \frac{100 \text{ St.} \cdot 25 \, €/\text{St.} + 30 \text{ St.} \cdot 20 \, €/\text{St.}}{185 \text{ St.}} = 256,76 \, €/\text{St.}$$

Die Preisuntergrenze liegt unter dem Stückpreis von 260 €. Der Zusatzauftrag kann damit bis zu einer Auftragsgröße von 185 St. angenommen werden.

– Elimination der Produkte 2 und 1 sowie von Mengen des Produktes 3

Übersteigt die Auftragsgröße die Intervallgrenze von 185 St. muss auch die Produktionsmenge von Produkt 3 verringert werden. Durch die Verdrängung von Produktionsmengen der Produkte 2, 1 und 3 kann die Auftragsgröße auf maximal

$$185 \text{ St.} + \frac{60 \text{ St.} \cdot 6 \, €/\text{St.}}{4 \text{ Std.} / \text{St.}} = 275 \text{ St.}$$

gesteigert werden. Es ist die Menge Δx_3 zu bestimmen, um welche die Produktionsmenge von Produkt 3 reduziert werden muss, damit die Preisgrenze des Zusatzauftrags genau 260 € beträgt:

$$240 \, €/\text{St.} + \frac{100 \text{ St.} \cdot 25 \, €/\text{St.} + 30 \text{ St.} \cdot 20 \, €/\text{St.} + \Delta x_3 \cdot 60 \, €/\text{St.}}{100 \text{ St.} \cdot 5 \, \text{Min} / \text{St.} + 30 \text{ St.} \cdot 8 \, \text{Min} / \text{St.} + \Delta x_3 \cdot 6 \, \text{Min.} / \text{St.}} \cdot 4 \, \text{Min.} / \text{St.}$$

$$\doteq 260 \, €/\text{St.}$$

$$\Delta x_3 = 20 \text{ St.}$$

Bei einer Auftragsgröße von

$$\frac{100 \text{ St.} \cdot 5 \, \text{Std.} / \text{St.} + 30 \text{ St.} \cdot 8 \, \text{Std.} / \text{St.} + 20 \text{ St.} \cdot 6 \, \text{Std.} / \text{St.}}{4 \, \text{Std.} / \text{St.}} = 215 \text{ St.}$$

sind der Stückpreis und die Preisuntergrenze identisch. Bis zu dieser Auftragsgröße ist der Zusatzauftrag zumindest kostendeckend. Ist die Auftragsgröße des Zusatzauftrags größer als 215 St., liegt die Preisuntergrenze über dem Stückpreis. Der Zusatzauftrag sollte dann abgelehnt werden.

Aufgabe 8.2.4: Optimales Produktionsprogramm und relative Preisgrenze

Eine Unternehmung produziert drei Produkte, für die folgende Daten vorliegen:

Merkmale ＼ Produkt	Produkt 1	Produkt 2	Produkt 3	Kapazität
Produktionskoeffizienten für Produktionsstufe A	5 Min./St.	2 Min./St.	3 Min./St.	3.900 Min.
Produktionskoeffizienten für Produktionsstufe B	8 Min./St.	3 Min./St.	6 Min./St.	6.300 Min.
Absatzobergrenze	400 St.	800 St.	600 St.	
Variable Stückkosten	60 €/St.	60 €/St.	57 €/St.	
Preis	100 €/St.	90 €/St.	75 €/St.	

a) Bestimmen Sie das optimale Produktionsprogramm.

b) Es wird erwartet, dass der Absatzpreis des Produktes 3 steigt. Wie hoch muss der Preis von Produkt 3 mindestens sein, damit an der Absatzobergrenze produziert wird? Gehen Sie bei der Beantwortung dieser Teilfrage davon aus, dass in Produktionsstufe B kein Engpass vorliegt.

Lösung 8.2.4: Optimales Produktionsprogramm und relative Preisgrenze

a) Bestimmung des optimalen Produktionsprogramms

- 1. Schritt: Überprüfung der Kapazitätsrestriktionen:
  - Produktionsstufe A:

    5 Min./St. $\cdot 400$ St. $+ 2$ Min./St. $\cdot 800$ St. $+ 3$ Min./St. $\cdot 600$ St.

    $= 5.400$ Min. > 3.900 Min. $\Rightarrow$ Engpass

  - Produktionsstufe B:

    8 Min./St. $\cdot 400$ St. $+ 3$ Min./St. $\cdot 800$ St. $+ 6$ Min./St. $\cdot 600$ St.

    $= 9.200$ Min. > 6.300 Min. $\Rightarrow$ Engpass

In beiden Produktionsstufen liegt ein Engpass vor. Bei mehreren wirksamen Engpässen ist zur Bestimmung des optimalen Produktionsprogramms i. d. R. das lineare Planungsmodell mit Hilfe des Simplex-Algorithmus zu lösen. Mit relativen Deckungsbeiträgen kann das optimale Produktionsprogramm in diesem Fall nur dann gelöst werden, wenn eine dominante Mehrproduktrestriktion vorliegt oder die relativen Deckungsbeiträge in beiden Produkti-onsstufen zur gleichen Reihenfolge der Produkte führen.

- 2. Schritt: Berechnung relativen Deckungsbeiträge und Bestimmung der Reihenfolge für die Einplanung der Produkte:

  - Produktionsstufe A:

    Produkt 1: $rdB_1 = \dfrac{100 \ €/St. - 60 \ €/St.}{5 \ Min.} = 8 \ €/Min.$ (2)

    Produkt 2: $rdB_2 = \dfrac{90 \ €/St. - 60 \ €/St.}{2 \ Min.} = 15 \ €/Min.$ (1)

    Produkt 3: $rdB_3 = \dfrac{75 \ €/St. - 57 \ €/St.}{3 \ Min.} = 6 \ €/Min.$ (3)

  - Produktionsstufe B:

    Produkt 1: $rdB_1 = \dfrac{40 \ €/St.}{8 \ Min.} = 5 \ €/Min.$ (2)

    Produkt 2: $rdB_2 = \dfrac{30 \ €/St.}{3 \ Min.} = 10 \ €/Min.$ (1)

    Produkt 3: $rdB_3 = \dfrac{18 \ €/St.}{6 \ Min.} = 3 \ €/Min.$ (3)

  Da in beiden Produktionsstufen die gleiche Reihenfolge vorliegt, können die Produkte auf der Basis ihrer relativen Deckungsbeiträge in das Programm eingeplant werden. Es ist zunächst Produkt 2 einzuplanen, anschließend Produkt 1 und dann Produkt 3 (je nach Restkapazität).

- 3. Schritt: Bestimmung des Produktionsprogramms:

  $$\text{Produkt 2:} \quad x_2 = \min\left\{800\,St.; \frac{3.900\,Min.}{2\,Min./St.}; \frac{6.300\,Min.}{3\,Min./St.}\right\} = 800\,St.$$

  ⇒ Restkapazität Produktionsstufe A:

  $RK_A = 3.900 \ Min. - 800 \ St. \cdot 2 \ Min./St. = 2.300 \ Min.$

  ⇒ Restkapazität Produktionsstufe B:

  $RK_B = 6.300 \ Min. - 800 \ St. \cdot 3 \ Min./St. = 3.900 \ Min.$

$$\text{Produkt 1:}\quad x_1 = \min\left\{400\,\text{St.};\ \frac{2.300\,\text{Min.}}{5\,\text{Min.}/\text{St.}};\ \frac{3.900\,\text{Min.}}{8\,\text{Min.}/\text{St.}}\right\} = 400\ \text{St.}$$

$\Rightarrow$ Restkapazität Produktionsstufe A:

$\text{RK}_A = 2.300\ \text{Min.} - 400\ \text{St.} \cdot 5\ \text{Min.}/\text{St.} = 300\ \text{Min.}$

$\Rightarrow$ Restkapazität Produktionsstufe B:

$\text{RK}_B = 3.900\ \text{Min.} - 400\ \text{St.} \cdot 8\ \text{Min.}/\text{St.} = 700\ \text{Min.}$

$$\text{Produkt 3:}\quad x_3 = \min\left\{600\,\text{St.};\ \frac{300\,\text{Min.}}{3\,\text{Min.}/\text{St.}};\ \frac{700\,\text{Min.}}{6\,\text{Min.}/\text{St.}}\right\} = 100\ \text{St.}$$

Produktionsstufe A bildet einen Engpass. Die Kapazität der Produktionsstufe B ist nicht voll ausgelastet. Das optimale Produktionsprogramm lautet wie folgt: $x_1 = 400$ St.; $x_2 = 800$ St.; $x_3 = 100$ St.

b) Vollständige Einplanung des Produktes 3 bei Erhöhung eines Absatzpreises

Steigt der Absatzpreis von Produkt 3, sodass sein relativer Deckungsbeitrag den des Produktes mit dem nächsthöheren relativen Deckungsbeitrag (Produkt 1) erreicht, wird die geplante Produktionsmenge dieses Produktes für die Erhöhung der Produktionsmenge von Produkt 3 reduziert. Zunächst muss überprüft werden, ob durch die Elimination des Produktes 1 die Kapazitäten geschaffen werden können, die für die Erhöhung der geplanten Produktionsmenge des Produktes 3 von 100 St. auf 600 St. (Absatzobergrenze) erforderlich sind.

– 1. Schritt: Überprüfung der Kapazitäten:

• Ermittlung des Kapazitätsbedarfs zur Produktion von 600 St. des Produktes 3

  Da von Produkt 3 bereits eine Produktionsmenge von 100 St. im Produktionsprogramm berücksichtigt ist, beträgt der zusätzliche Kapazitätsbedarf

  – in Produktionsstufe A

    (600 St. – 100 St.) · 3 Min./St. = 1.500 Min.

  – in Produktionsstufe B

    (600 St. – 100 St.) · 6 Min./St. = 3.000 Min.

• Ermittlung der durch die Produktion der geplanten Produktionsmenge des Produktes 1 beanspruchten Kapazität

  – in Produktionsstufe A

    400 St. · 5 Std./St. = 2.000 Min.

  – in Produktionsstufe B

    400 St. · 8 Std./St. = 3.200 Min.

Das Produkt 1 beansprucht 2.000 Min. der Kapazität von Produktionsstufe A und 3.200 Min. der Kapazität von Produktionsstufe B. Durch die Elimination des Produktes 1 können demnach die erforderlichen Kapazitäten geschaffen werden, um die Produktionsmenge von Produkt 3 auf 600 St. zu erhöhen. Es ist der Absatzpreis (p_3) zu ermitteln, bei dem der Deckungsbeitrag des Produktes 3 mindestens die Höhe des relativen Deckungsbeitrags des Produktes 1 im Engpass (8 €/St.) erreicht.

– 2. Schritt: Berechnung der erforderlichen Erhöhung des Preises von Produkt 3:

$$\frac{p_3 - 57\ \text{€/St.}}{3\ \text{Min./St.}} \doteq 8\ \text{€/St.} \Leftrightarrow p_3 = 81\ \text{€/St.}$$

Der Preis des Produktes 3 muss auf mindestens 81 € steigen, damit die Menge der Absatzobergrenze produziert wird.

8.3 Aufgaben zur Bestimmung von Preisgrenzen

Aufgabe 8.3.1: Preisuntergrenze und relevante Kosten[1]

Unternehmung A hat nach der Stornierung eines Auftrags für die nächsten zwei Monate eine Unterauslastung in Höhe von 2.000 Arbeitsstunden. Werden diese Arbeitsstunden nicht genutzt, entfallen die Kosten für Fertigungslöhne in entsprechender Höhe. Es gibt jedoch auch zwei Möglichkeiten, diese Kapazitäten zu nutzen:

– Ein Auftrag, dessen Fertigung für eine spätere Periode eingeplant war, kann unter voller Nutzung der 2.000 Arbeitsstunden vorgezogen werden. Diese zeitliche Verschiebung des Auftrags hat zur Folge, dass in späteren Perioden im gleichen Umfang auf Überstunden verzichtet werden könnte. Der Überstundenzuschlag beträgt 30 % des Stundenlohns in Höhe von 20 €. Die Überstundenlöhne werden als Einzelkosten verrechnet. Die Gemeinkosten werden proportional zur Arbeitszeit verrechnet, wobei der Plankostenverrechnungssatz 30 € pro Arbeitsstunde beträgt. 40 % der Gemeinkosten sind variabel und hängen von der Arbeitszeit ab.

– Für die nächsten zwei Monate kann ein Zusatzauftrag angenommen werden. Für diesen Zusatzauftrag werden 2.200 Fertigungsstunden benötigt sowie 960 kg einer Materialart x, die in der Unternehmung laufend verarbeitet wird. Im Lager befinden sich Bestände, die zu 15,10 € pro kg beschafft worden sind. Die Wiederbeschaffungskosten für Materialart x betragen 15,50 € pro kg. Weiterhin werden 570 kg der Materialart y benötigt. Es gibt Lagerbestände, die zu 26,30 € pro kg beschafft worden sind. Die Wiederbeschaffungskosten betragen 29,25 € pro kg.

---

1 In Anlehnung an Drury, Colin: Management & Cost Accounting. 5. Aufl., London u. a. 2000, S. 314 f.

Bei Nichtannahme des Auftrags wird der Lagerbestand zu 11,50 € pro kg vernichtet. Darüber hinaus fallen für den Zusatzauftrag sonstige Materialkosten in Höhe von 16.800 € an.

Berechnen Sie die Preisuntergrenze des Zusatzauftrags.

Lösung 8.3.1: Preisuntergrenze und relevante Kosten

– Zur Ermittlung der Preisuntergrenze sind die relevanten Kosten zu bestimmen. Für die einzelnen Kostenarten gilt das Folgende:

  • Die Fertigungslöhne für 2.200 Arbeitsstunden würden bei Ablehnung des Zusatzauftrags entfallen (2.000 Std.) bzw. gar nicht erst entstehen (200 Std.). Es handelt sich bei diesen Fertigungslöhnen damit um Kosten, die für die Entscheidung über den Zusatzauftrag relevant sind.

  • Wird der Zusatzauftrag angenommen, kann der andere Auftrag in einer späteren Periode nur mit Hilfe von Überstunden ausgeführt werden. Die Kosten für den Überstundenzuschlag, die für den anderen Auftrag in einer späteren Periode anfallen würden, sind deshalb bei der Berechnung der Preisuntergrenze zu berücksichtigen. Sie betragen 0,3 · 20 €/Std. · 2.000 € = 12.000 €.

  • Nur die variablen Gemeinkosten sind relevant, da die fixen Gemeinkosten unabhängig von der Annahme des Zusatzauftrags anfallen.

  • Da die Materialart x laufend in der Unternehmung verarbeitet wird, sind zur Bewertung des Materialverbrauchs die Wiederbeschaffungskosten heranzuziehen.

  • Da die Bestände der Materialart y vernichtet werden müssten, wenn sie nicht für den Zusatzauftrag eingesetzt werden, sind die gesparten Entsorgungskosten in die Berechnung der Preisuntergrenze einzubeziehen.

  • Die sonstigen Materialkosten sind in voller Höhe relevant.

– Berechnung der Preisuntergrenze

	Fertigungslöhne	(20 €/Std. · 2.200 Std. + 20 €/Std. · 0,3 · 200 Std. =	45.200 €
+	Überstundenzuschlag für das andere Produkt		12.000 €
+	Gemeinkosten	0,4 · 30 €/Std. · 2.200 Std. =	26.400 €
+	Materialkosten x	960 kg · 15,50 €/kg =	14.880 €
–	Materialkosten y (Kosten der Entsorgung)	– 570 kg · 11,50 €/kg =	– 6.555 €
+	Sonstige Materialkosten		16.800 €
=	Preisuntergrenze		108.725 €

Aufgabe 8.3.2: Preisuntergrenze bei mehreren Engpässen

In einer Unternehmung ist zu Beginn der Periode mit Hilfe des Simplex-Verfahrens das optimale Produktionsprogramm auf der Basis der folgenden Daten bestimmt worden.

Merkmale / Produkt	Produkt 1	Produkt 2	Kapazitätsgrenze
Produktionskoeffizienten der Produktionsstufe A	4 Std./St.	12 Std./St.	2.000 Std.
Produktionskoeffizienten der Produktionsstufe B	14 Std./St.	6 Std./St.	3.400 Std.
Stückdeckungsbeitrag	20 €/St.	40 €/St.	-

Das Endtableau hatte folgendes Aussehen:

BV	x_1	x_2	x_3	x_4	b_i
x_2	0	1	0,0972	– 0,027	100
x_1	1	0	– 0,04167	0,0833	200
Z	0	0	3,0555	0,5555	8.000

x_1 = Produktionsmenge Produkt 1; x_2 = Produktionsmenge Produkt 2; x_3 = Leerkapazität (Schlupfvariable) der Produktionsstufe A; x_4 = Leerkapazität (Schlupfvariable) der Produktionsstufe B

Kurz nach Produktionsbeginn gehen noch die beiden folgenden Zusatzaufträge ein, die aus technischen Gründen nicht gemeinsam realisiert werden können:

– Zusatzauftrag 1:
   Er beansprucht 300 Stunden der Produktionsstufe A und 510 Stunden der Produktionsstufe B. Es entstehen für diesen Zusatzauftrag variable Kosten in Höhe von 1.200 € bei einem Preis von 3.500 €.

– Zusatzauftrag 2:
   Er beansprucht 1.000 Stunden der Produktionsstufe A und verursacht bei einem Preis von 4.000 € variable Kosten in Höhe von 800 €.

Wie würden Sie in dieser Situation entscheiden?

Lösung 8.3.2: Preisuntergrenze bei mehreren Engpässen

Da die Schlupfvariablen der Produktionsstufen A und B (Leerkapazitäten) im Endtableau nicht in der Basis stehen, ist ihr Wert 0, d. h., die Kapazitäten der beiden Produktionsstufen sind ausgelastet. Um einen der Zusatzaufträge annehmen zu können, muss das optimale Produktionsprogramm angepasst werden.

Zur Bestimmung der Preisuntergrenze eines Zusatzauftrags sind seine variablen Kosten und die durch die Anpassung des optimalen Produktionsprogramms verdrängten Deckungsbeiträge (Opportunitätskosten) zu addieren. Die Opportunitätskosten können aus den Dualen des Endtableaus gewonnen werden. Dies setzt jedoch voraus, dass die Reduktion der Kapazitäten um den Kapazitätsbedarf des Zusatzauftrags zu keinem Basiswechsel gegenüber der optimalen Lösung des Ausgangsproblems führt. Dies ist bei den einzelnen Zusatzaufträgen zu prüfen.

– Zusatzauftrag 1:

- 1. Schritt: Prüfung auf einen möglichen Basiswechsel:

  Die Berücksichtigung des Zusatzauftrags 1 führt zu einer Verringerung der Kapazität beider Produktionsstufen um den gleichen Prozentsatz (15 % in jeder Produktionsstufe). Aufgrund dieser proportionalen Kapazitätsbeanspruchung findet kein Basiswechsel statt, d. h., die Dualwerte des Endtableaus verändern sich bei der Annahme des Zusatzauftrags nicht.

- 2. Schritt: Berechnung der Preisuntergrenze:

$$PUG_{Z1} = 1.200 \, € + 300 \, Std. \cdot 3,0555 \, €/Std. + 510 \, Std. \cdot 0,5555$$
$$= 2.399,955 \, € \approx 2.400 \, €$$

  Die Preisuntergrenze des Zusatzauftrags 1 liegt damit unter seinem Absatzpreis in Höhe von 3.500 €. Der Deckungsbeitrag des Zusatzauftrags 1 beträgt

$$DB_{Z2} = 3.500 \, € - 2.400 \, € = 1.100 \, €$$

– Zusatzauftrag 2:

- 1. Schritt: Sensitivitätsanalyse:

  Da keine proportionale Kapazitätsbeanspruchung vorliegt, ist eine Sensitivitätsanalyse zur Bestimmung des Bereichs durchzuführen, in dem die Kapazität der Produktionsstufe A variiert werden kann, ohne dass es zu einem Basiswechsel kommt. Im Folgenden symbolisiert λ eine Erhöhung der Kapazität in Produktionsstufe A.

  Maximale Kapazitätssenkung: $0,0972 \cdot \lambda + 100 \geq 0 \iff \lambda \geq -1.028,81 \, Std.$

  Maximale Kapazitätserhöhung: $-0,04167 \cdot \lambda + 200 \geq 0 \iff \lambda \leq 4.799,62 \, Std.$

  Die Kapazität der Produktionsstufe A kann damit in folgendem Bereich variieren

  $[2.000 \, Std. - 1.029 \, Std.; \, 2.000 \, Std. + 4.800 \, Std.] = [971 \, Std.; \, 6.800 \, Std.].$

  Der Zusatzauftrag hat einen Kapazitätsbedarf von 1.000 Std., d.h., die Annahme des Zusatzauftrags hat keinen Basiswechsel zur Folge. Es kann deshalb mit den Dualen des Endtableaus gerechnet werden.

- 2. Schritt: Berechnung der Preisuntergrenze:

$PUG_{Z2} = 800 \ € + 1.000 \ Std. \cdot 3,0555 \ € / Std. = 3.855,50 \ €$

Die Preisuntergrenze des Zusatzauftrags 2 liegt damit unter dem Absatzpreis von 4.000 €. Der Deckungsbeitrag des Zusatzauftrags 2 beträgt

$DB_{Z2} = 4.000 \ € - 3.855,50 \ € = 144,50 \ €$

Beide Zusatzaufträge sind damit absolut vorteilhaft. Aufgrund des höheren Deckungsbeitrags ist Zusatzauftrag 1 anzunehmen.

Aufgabe 8.3.3: Preisuntergrenze bei mehreren Engpässen

In einer Unternehmung werden drei Produkte produziert, für die folgende Daten vorliegen:

Produkt \ Merkmale	Produkt 1	Produkt 2	Produkt 3	Kapazitäts-grenze
Produktionskoeffizienten für Produktionsstufe A	5 Std./St.	8 Std./St.	6 Std./St.	1.100 Std.
Produktionskoeffizienten für Produktionsstufe B	4 Std./St.	2 Std./St.	6 Std./St.	600 Std.
Absatzobergrenze	100 St.	120 St.	60 St.	
Variable Stückkosten	25 €/St.	100 €/St.	20 €/St.	
Preis	50 €/St.	120 €/St.	80 €/St.	
Stückdeckungsbeitrag	25 €/St.	20 €/St.	60 €/St.	

Das optimale Produktionsprogramm kann dem nachfolgenden Endtableau entnommen werden. Nach Abschluss der Programmplanung geht ein Zusatzauftrag ein, der über 20 Stück des Produktes z lautet. Die variablen Stückkosten des Produktes z betragen 240 €. Es konnte ein Stückpreis von 360 € ausgehandelt werden. Die Kapazität in Produktionsstufe A wird durch die Produktion einer Einheit des Produktes mit 4 Stunden belastet. Produktionsstufe B ist von dem Zusatzauftrag nicht betroffen. Berechnen Sie die Preisuntergrenze und beurteilen Sie, ob der Zusatzauftrag angenommen werden kann.

BV	x_1	x_2	x_3	x_4	x_5	x_6	x_7	x_8	b_i
x_2	0	1	0	0,1818	-0,227	0	0	0,2727	80
x_1	1	0	0	-0,09	0,3636	0	0	-1,636	20
x_6	0	0	0	0,0909	-0,363	1	0	1,6363	80
x_7	0	0	0	-0,181	0,2272	0	1	-0,272	40
x_3	0	0	1	0	0	0	0	1	60
Z	0	0	0	1,3636	4,5454	0	0	24,545	5.700

x_1 Produktionsmenge Produkt 1; x_2 Produktionsmenge Produkt 2; x_3 Produktionsmenge Produkt 3; x_4 Schlupfvariable (Leerkapazität) Produktionsstufe A; x_5 Schlupfvariable (Leerkapazität) Produktionsstufe B; x_6 Schlupfvariable Absatzobergrenze Produkt 1; x_7 Schlupfvariable Absatzobergrenze Produkt 2; x_8 Schlupfvariable Absatzobergrenze Produkt 3.

Lösung 8.3.3: Preisuntergrenze bei mehreren Engpässen

Da die Schlupfvariablen der Produktionsstufen A und B (x_4 und x_5) im Endtableau nicht in der Basis stehen, ist ihr Wert 0, d. h., die Kapazitäten der beiden Produktionsstufen sind ausgelastet. Um den Zusatzauftrag annehmen zu können, muss das optimale Produktionsprogramm angepasst werden.

Zur Bestimmung der Preisuntergrenze eines Zusatzauftrags sind seine variablen Kosten und die durch die Anpassung des optimalen Produktionsprogramms verdrängten Deckungsbeiträge (Opportunitätskosten) zu addieren. Die Opportunitätskosten können aus den Dualen des Endtableaus gewonnen werden. Dies setzt jedoch voraus, dass die Reduktion der Kapazitäten um den Kapazitätsbedarf des Zusatzauftrags zu keinem Basiswechsel gegenüber der optimalen Lösung des Ausgangsproblems führt. Dies ist zu überprüfen. Durch den Zusatzauftrag wird nur die Produktionsstufe A belastet, es muss deshalb eine Sensitivitätsanalyse durchgeführt werden. Für die Sensitivitätsanalyse ist nur die Restriktion der Produktionsstufe A relevant, d. h. die x_4-Spalte. Im Folgenden steht λ für eine Erhöhung der Kapazität in Produktionsstufe A.

– 1. Schritt: Sensitivitätsanalyse:

• Maximale Kapazitätssenkung: $80 + 0,1818 \cdot \lambda \geq 0 \Leftrightarrow \lambda \geq -440$

• Maximale Kapazitätserhöhung: $20 - 0,09 \cdot \lambda \geq 0 \Leftrightarrow \lambda \leq 222$

Ein Basiswechsel tritt nicht auf, wenn der Kapazitätsbedarf des Zusatzauftrags 440 Stunden nicht überschreitet. Da nur 20 Std. · 4 Min./Std. = 80 Std. benötigt werden, kann mit den Dualen aus dem Endtableau gerechnet werden.

– 2. Schritt: Berechnung der Preisuntergrenze:

PUG = 240 € / St. + 1, 3636 € / Std.· 4 Std./ St. = 245, 45 € / St.

Die Preisuntergrenze liegt unter dem ausgehandelten Stückpreis von 360 €. Der Zusatzauftrag kann damit angenommen werden.

Aufgabe 8.3.4: Preisuntergrenze bei quantitativer Anpassung

Gegeben sind folgende Daten zum optimalen Produktionsprogramm:

Merkmale \ Produkt	Produkt 1	Produkt 2	Produkt 3	Produkt 4	Kapazität
Produktionskoeffizienten der Produktionsstufe A	4 Std./St.	6 Std./St.	5 Std./St.	8 Std./St.	800 Std.
Produktionskoeffizienten der Produktionsstufe B	6 Std./St.	7 Std./St.	4 Std./St.	3 Std./St.	1.600 Std.
Absatzobergrenze	80 St.	60 St.	90 St.	100 St.	
Variable Kosten	80 €/St.	75 €/St.	110 €/St.	130 €/St.	
Preis	100 €/St.	120 €/St.	140 €/St.	160 €/St.	
Optimales Produktionsprogramm		60 St.	88 St.		

Es geht ein Zusatzauftrag über 1.000 Stück des Produktes Z ein. Eine Einheit des Produktes Z beansprucht Produktionsstufe A 0,5 Stunden. Der Zusatzauftrag verursacht variable Kosten in Höhe von 60.000 €. Um den Auftrag ausführen zu können, muss eine bereits stillgelegte Anlage in Betrieb genommen werden, auf der eine Einheit des Produktes Z 0,2 Stunden bearbeitet wird. Die Inbetriebnahme dieser Anlage ist mit folgenden Konsequenzen verbunden:

• Ein Mitarbeiter, dessen Lohnkosten 15 € pro Stunde betragen, muss aus einer anderen Abteilung abgezogen werden. Dieser Abteilung entgeht dadurch ein Auftrag mit einem Deckungsbeitrag von 22.000 €.

• Beim Einsatz dieser Anlage kann ein Lösungsmittel verbraucht werden, das vor 2 Jahren für 8.000 € beschafft wurde. Da das Lösungsmittel aufgrund einer neuen Verordnung in Kürze nicht mehr verwendet werden darf, ist die Entsorgung geplant, die Kosten in Höhe von 400 € verursachen wird.

• Die Anlage muss vor der Inbetriebnahme gewartet und an einem anderen Platz aufgestellt werden. Dafür entstehen Kosten in Höhe von 800 €.

• Nach Fertigstellung des Auftrags ist die Anlage wieder an den ursprünglichen Platz zu stellen. Dafür entstehen Kosten in Höhe von 200 €.

Bestimmen Sie die Preisuntergrenze für die Preisverhandlungen.

Lösung 8.3.4: Preisuntergrenze bei quantitativer Anpassung

- 1. Schritt: Überprüfung der Kapazitätsrestriktionen bei Realisation des optimalen Produktionsprogramms:

Produktionsstufe A: 60 St. · 6 Std./St. + 88 St. · 5 Std./St. = 800 Std. ⇒ Engpass

Produktionsstufe B: 60 St. · 7 Std./St. + 88 St. · 4 Std./St. = 772 Std.

Produktionsstufe A ist voll ausgelastet. Um den Zusatzauftrag annehmen zu können, ist das optimale Produktionsprogramm nach Maßgabe der relativen Deckungsbeiträge anzupassen.

- 2. Schritt: Berechnung der relativen Deckungsbeiträge und Bestimmung der Reihenfolge für die Elimination der Produkte:

$$\text{Produkt 2:} \quad rdB_2 = \frac{120 \ €/St. - 75 \ €/St.}{6 \ Std./St.} = 7,5 \ €/Std. \quad (2)$$

$$\text{Produkt 3:} \quad rdB_3 = \frac{140 \ €/St. - 110 \ €/St.}{5 \ Std./St.} = 6 \ €/Std. \quad (1)$$

- 3. Schritt: Berechnung des Kapazitätsbedarfs für den Zusatzauftrag und der notwendigen Anpassung des Produktionsprogramms:

Kapazitätsbedarf = 1.000 St. · 0,5 €/Std. = 500 Std.

Aufgrund der relativen Deckungsbeiträge ist zunächst Produkt 3 zu verdrängen:

$\Delta x_3 = 88$ St. ⇒ restlicher Kapazitätsbedarf = 500 Std. − 88 St. · 5 Std./St. = 60 Std.

$$\Rightarrow \Delta x_2 = \frac{60 \ Std.}{6 \ Std./St.} = 10 \ St.$$

- 4. Schritt: Berechnung des durch die Anpassung des optimalen Produktionsprogramms entgangenen Deckungsbeitrags (Opportunitätskosten):

$\Delta DB = 10$ St. · 45 €/St. + 88 St. · 30 €/St = 3.090 €

Unter Berücksichtigung der Opportunitätskosten und der relevanten Kosten kann die Preisuntergrenze bestimmt werden. Relevant sind die variablen Kosten des Zusatzauftrags, der entgangene Deckungsbeitrag durch die Versetzung des Mitarbeiters, die gesparten Kosten für die Entsorgung des Lösungsmittels sowie die Anlauf- und Stilllegungskosten der Anlage (Kosten der quantitativen Anpassung). Die Lohnkosten des Mitarbeiters sind nicht relevant, da sie auch ohne Annahme des Zusatzauftrags anfallen würden.

Variable Kosten	60.000 €	
+ Opportunitätskosten	3.090 €	
+ Entgangener DB durch Versetzung des Mitarbeiters	22.000 €	
− Gesparte Kosten für die Entsorgung des Lösungsmittels	− 400 €	
+ Anlaufkosten	800 €	
+ Stilllegungskosten	200 €	
= Summe	85.690 €	
: Stückzahl	:1.000 St.	
= Preisuntergrenze	85,69 €/St.	

Aufgabe 8.3.5: Relative Preisgrenze eines Einsatzgutes

In einer Unternehmung werden drei Produkte produziert, für die folgende Daten vorliegen:

Produkt / Mermale	Produkt 1	Produkt 2	Produkt 3	Kapazitäts-grenze
Produktionskoeffizienten für Produktionsstufe A	6 Std./St.	4 Std./St.	5 Std./St.	2.800 Std.
Produktionskoeffizienten für Produktionsstufe B	8 Std./St.	5 Std./St.	6 Std./St.	2.800 Std.
Absatzobergrenze	180 St.	220 St.	240 St.	
Variable Stückkosten	50 €/St.	25 €/St.	65 €/St.	
Preis	80 €/St.	40 €/St.	100 €/St.	
Stückdeckungsbeitrag	30 €/St.	15 €/St.	35 €/St.	

a) Bestimmen Sie das optimale Produktionsprogramm.

b) In Produkt 1 gehen 4 Stück eines Einsatzgutes g ein, bei dem erhebliche Preisschwankungen erwartet werden. Bei der Planung der variablen Stückkosten wurde mit einem Stückpreis dieses Einsatzgutes von 6 € gerechnet. Berechnen Sie die relativen Preisgrenzen für das Einsatzgut g.

Lösung 8.3.5: Relative Preisgrenze eines Einsatzgutes

a) Bestimmung des optimalen Produktionsprogramms

– 1. Schritt: Überprüfung der Kapazitätsrestriktionen:

   • Produktionsstufe A:

   6 Std./St.·180 St. + 4 Std./St.·220 St. + 5 Std./St.·240 St.

   = 3.160 Std. > 2.800 Std. ⇒ Engpass

- Produktionsstufe B:

  8 Std./St.·180 St.+5 Std./St.·220 St.+6 Std./St.·240 St.

  = 3.980 Std. > 2.800 Std. $\Rightarrow$ Engpass

In beiden Produktionsstufen liegt ein Engpass vor. Bei mehreren wirksamen Engpässen ist zur Bestimmung des optimalen Produktionsprogramms i.d.R. das lineare Planungsmodell mit Hilfe des Simplex-Algorithmus zu lösen. Mit relativen Deckungsbeiträgen kann das optimale Produktionsprogramm in diesem Fall nur dann gelöst werden, wenn eine dominante Mehrproduktrestriktion vorliegt oder die relativen Deckungsbeiträge in beiden Produktionsstufen zur gleichen Reihenfolge der Produkte führen.

- 2. Schritt: Berechnung der relativen Deckungsbeiträge und Bestimmung der Reihenfolge zur Einplanung der Produkte:

  - Produktionsstufe A:

    Produkt 1: $rdb_1 = \dfrac{30\,€/St.}{6\,Std./St.} = 5\,€/Std.$ (2)

    Produkt 2: $rdb_2 = \dfrac{15\,€/St.}{4\,Std./St.} = 3,75\,€/Std.$ (3)

    Produkt 3: $rdb_3 = \dfrac{35\,€/St.}{5\,Std./St.} = 7\,€/Std.$ (1)

  - Produktionsstufe B:

    Produkt 1: $rdb_1 = \dfrac{30\,€/St.}{8\,Std./St.} = 3,75\,€/Std.$ (2)

    Produkt 2: $rdb_2 = \dfrac{15\,€/St.}{5\,Std./St.} = 3\,€/Std.$ (3)

    Produkt 3: $rdb_3 = \dfrac{35\,€/St.}{6\,Std./St.} = 5,83\,€/Std.$ (1)

Die Produkte weisen in beiden Produktionsstufen die gleiche Reihenfolge auf. Die Produkte können deshalb trotz der beiden Engpässe auf der Basis ihrer relativen Deckungsbeiträge in das Programm eingeplant werden. Aufgrund der relativen Deckungsbeiträge ist zunächst Produkt 3 einzuplanen, anschließend Produkt 1 und dann Produkt 3 (je nach Restkapazität).

– 3. Schritt: Bestimmung des optimalen Produktionsprogramms:

$$\text{Produkt 3: } x_3 = \min\left\{240\,\text{St.;}\ \frac{2.800\,\text{Std.}}{5\,\text{Std./St.}};\ \frac{2.800\,\text{Std.}}{6\,\text{Std./St.}}\right\} = 240\,\text{St.}$$

$\Rightarrow$ Restkapazität in Produktionsstufe A:

$$RK_A = 2.800\ \text{Std.} - 240\ \text{St.} \cdot 5\ \text{Std./St.} = 1.600\ \text{Std.}$$

$\Rightarrow$ Restkapazität in Produktionsstufe B:

$$RK_B = 2.800\ \text{Std.} - 240\ \text{St.} \cdot 6\ \text{Std./St.} = 1.360\ \text{Std.}$$

$$\text{Produkt 1: } x_1 = \min\left\{180\ \text{St.;}\ \frac{1.600\,\text{Std.}}{6\,\text{Std./St.}};\ \frac{1.360\,\text{Std.}}{8\,\text{Std./St.}}\right\} = 170\,\text{St.}$$

Optimales Produktionsprogramm: $x_1 = 170$ St.; $x_3 = 240$ St.

b) Berechnung der relativen Preisobergrenze für Einsatzgut g

Mit dem Preis des Einsatzgutes g verändert sich der Stückdeckungsbeitrag des Produktes 1. Die Zusammensetzung des optimalen Produktionsprogramms verändert sich, wenn bei einer Erhöhung des Preises des Einsatzgutes g der relative Deckungsbeitrag des Produktes 1 im Engpass unter den des Produktes 2 sinkt bzw. bei einer Preissenkung über den relativen Deckungsbeitrag des Produktes 3 steigt. Zu bestimmen sind die Grenzen des Intervalls für den Preis des Einsatzgutes g, in dem das optimale Produktionsprogramm erhalten bleibt.

– 1. Schritt: Bestimmung des Engpasses bei Realisation des optimalen Produktionsprogramms:

• Produktionsstufe A:

  $6\ \text{Std./St.} \cdot 170\ \text{St.} + 5\ \text{Std./St.} \cdot 240\ \text{St.} = 2.220\ \text{Std.} < 2.800\ \text{Std.}$

• Produktionsstufe B:

  $8\ \text{Std./St.} \cdot 170\ \text{St.} + 6\ \text{Std./St.} \cdot 240\ \text{St.} = 2.800\ \text{Std.} \Rightarrow \text{Engpass}$

Im optimalen Produktionsprogramm bildet nur Produktionsstufe B einen Engpass. Es sind deshalb nur die relativen Deckungsbeiträge der Produkte in Produktionsstufe B zu betrachten.

– 2. Schritt: Bestimmung des relativen Deckungsbeitrags für das Produkt 1 in Abhängigkeit vom Preis des Einsatzgutes 1:

Die variablen Stückkosten in Höhe von 30 € sind unter der Annahme geplant worden, dass der Stückpreis des Einsatzgutes g 6 € beträgt. Da in eine Einheit des Produktes 1 vier Einheiten des Einsatzgutes eingehen (a_{g1}) betragen die variablen Stückkosten ohne die Materialeinzelkosten für das Einsatzgut

$$\overline{k}_{v1} = 50\,\text{€/St.} - 4 \cdot 6\,\text{€/St.} = 26\,\text{€/St.}$$

Der Stückdeckungsbeitrag des Produktes 1 in Abhängigkeit des Preises für das Einsatzgut g (λ) kann damit wie folgt berechnet werden:

$$db_1(\lambda) = p_1 - \overline{k}_{v1} - a_{g1} \cdot \lambda$$

Damit ergibt sich der folgende relative Deckungsbeitrag des Produkt 1 in Abhängigkeit des Preises für das Einsatzgut g

$$rdb_1(\lambda) = \frac{80 \,€ \,/\, St. - 26 \,€ \,/\, St. - 4 \cdot \lambda}{8 \,Std. \,/\, St.}$$

- 3. Schritt: Berechnung der Grenzen des Preisintervalls:

  • Erhöhung des Preises des Einsatzgutes

    Bei einer Erhöhung des Preises für das Einsatzgut g sinkt der relative Deckungsbeitrag des Produktes 1, in das dieses Einsatzgut eingeht. Produkt 2 weist den nächstniedrigeren relativen Deckungsbeitrag auf. Sinkt der relative Deckungsbeitrag des Produktes 1 unter den des Produktes 2 in Höhe von 3 €, werden im optimalen Produktionsprogramm Mengen des Produktes 1 durch Mengen des Produktes 3 ersetzt.

$$\frac{100 \,€ - 26 \,€ \,/\, St. - 4 \,St. \cdot \lambda}{8 \,Std. \,/\, St.} \leq 3 \frac{€}{St. \,/\, St.}$$

$$\lambda \geq 7,50 \,€ \,/\, St.$$

    Steigt der Preis des Einsatzgutes über 7,50 €, verändert sich die Zusammensetzung des optimalen Produktionsprogramms.

  • Senkung des Preises für das Einsatzgut

    Bei einer Senkung des Preises für das Einsatzgut steigt der relative Deckungsbeitrag des Produktes 1. Produkt 3 weist den nächsthöheren relativen Deckungsbeitrag auf. Diesem ist der relative Deckungsbeitrag des Produktes 1 gegenüberzustellen.

$$\frac{80 \,€ + 26 \,€ \,/\, St. - 4 \,St. \cdot \lambda}{8 \,Std. \,/\, St.} \geq 5,83 \frac{€}{St. \,/\, St.}$$

$$\lambda \leq 1,84 \,€ \,/\, St.$$

Der Preis des Einsatzgutes kann in dem Intervall [1,84 €/St.; 7,5 €/St.] schwanken, ohne dass das geplante Produktionsprogramm angepasst werden muss.

8.4 Aufgaben zur Break-even-Analyse

Aufgabe 8.4.1: Break-even-Analyse zur Entscheidung über Eigenfertigung und Fremdbezug

In einer Unternehmung muss darüber entschieden werden, ob eine Baugruppe Z selbst produziert oder zugekauft werden soll. Es wird ein monatlicher Bedarf von höchstens 18.000 Stück dieser Baugruppe prognostiziert. Die Baugruppe könnte zu einem Stückpreis von 6,45 € beschafft werden. Bei Eigenfertigung treten bei einem Variator von 7,8261 Kosten in Höhe von 115.000 € auf. Bei welchem monatlichen Bedarf sollte die Baugruppe gefertigt werden?

Lösung 8.4.1: Break-even-Analyse zur Entscheidung über Eigenfertigung und Fremdbezug

– 1. Schritt: Kostenspaltung mit Hilfe des Variators:

Mit dem Variator können die variablen Kosten der Baugruppe wie folgt berechnet werden:

$$v = \frac{K_v}{K} \cdot 10 \Leftrightarrow K_v = \frac{v \cdot K}{10}$$

variable Gesamtkosten: $K_v = 115.000 \text{ €} \cdot \dfrac{7,8261}{10} \approx 90.000 \text{ €}$

fixe Kosten $K_f = 115.000 \text{ €} - 90.000 \text{ €} = 25.000 \text{ €}$

variable Stückkosten $k_v = \dfrac{90.000 \text{ €}}{18.000 \text{ St.}} = 5,0 \text{ €/St.}$

– 2. Schritt: Bestimmung des Break-even-Punktes:

$$6,45 \text{ €/St.} \cdot x = 5,0 \text{ €/St.} \cdot x + 25.000 \text{ €}$$
$$x = 17.241,38 \text{ St.}$$

Aufgrund der fixen Kosten, die bei Eigenfertigung anfallen, ist bei kleinen Bedarfsmengen der Fremdbezug der Eigenfertigung vorzuziehen. Ab einem Bedarf von 17.242 St. sollte die Baugruppe Z gefertigt werden. Die Break-even-Menge liegt knapp unter dem maximalen Bedarf von 18.000 Stück, das Risiko einer Fehlentscheidung ist damit sehr hoch. Es sollten Anstrengungen unternommen werden, die Kosten der Eigenfertigung weiter zu senken oder die Bedarfsmenge zu erhöhen bzw. den Beschaffungspreis des Einsatzgutes zu verringern, um die Baugruppe dann von einem Lieferanten zu beziehen.

Aufgabe 8.4.2: Verfahrensvergleich mit der Break-even-Analyse

In einer Unternehmung geht ein Zusatzauftrag ein. Der Kunde wird voraussichtlich 300 Stück eines Produktes Z zu einem Stückpreis von 180 € abnehmen. Der Auftrag kann in Fertigungsstelle 1 oder Fertigungsstelle 2 bearbeitet werden. Es liegen folgende Informationen vor:

Fertigungsstelle 1:
Für den Auftrag fallen Rüstkosten in Höhe von 4.800 € (auftragsgrößenfixe Kosten) an. Für diese Fertigungsstelle liegen folgende Ist-Daten aus zwei Perioden vor:

Periode	t-1	t-2
Ist-Beschäftigung	1.200 Std.	800 Std.
Ist-Kosten	129.000 €	91.000 €

Das Produkt Z wird in dieser Fertigungsstelle 1,5 Stunden bearbeitet.

Fertigungsstelle 2:
Der Auftrag verursacht Rüstkosten von 1.800 €. Die variablen Kosten pro Fertigungsstunde betragen 65 €/Std., die fixen Periodenkosten 12.000 €. Eine Einheit des Produktes wird in dieser Fertigungsstelle 2 Std. bearbeitet. Fertigungsstelle 2 ist durch die Produktion von 100.000 Stück eines Standardproduktes Y bereits ausgelastet. Eine Einheit des Produktes Y wird 2,8 Std. in dieser Fertigungsstelle 2 bearbeitet. Der Stückdeckungsbeitrag des Produktes Y liegt bei 140 €.

Wie ist zu entscheiden? Beurteilen Sie die Aussagekraft Ihrer Entscheidungsrechnung?

Lösung 8.4.2: Verfahrensvergleich mit der Break-even-Analyse

– 1. Schritt: Ermittlung der Kostenfunktion des Zusatzauftrags bei Bearbeitung in Fertigungsstelle 1:

- Berechnung der variablen Kosten der Fertigungsstelle 1 pro Fertigungsstunde durch mathematische Kostenauflösung

$$k_v = \frac{129.000\,€ - 91.000\,€}{1.200\,\text{Std.} - 800\,\text{Std.}} = 95\,€\,/\,\text{Std.}$$

- Aufstellen der Kostenfunktion des Zusatzauftrags bei Bearbeitung in Fertigungsstelle 1
  Die fixen Kosten der Fertigungsstelle zählen nicht zu den relevanten Kosten des Zusatzauftrags.

$$K_1 = 95\,€\,/\,\text{St.} \cdot 1,5\,\text{Std.}\,/\,\text{St.} \cdot x + 4.800\,€$$

– 2. Schritt: Ermittlung der Kostenfunktion des Zusatzauftrags bei Bearbeitung in Fertigungsstelle 2:

Um den Zusatzauftrag in Fertigungsstelle 2 bearbeiten zu können, muss die Menge des bereits eingeplanten Produktes Y reduziert werden. Die verdrängten Deckungsbeiträge des Produktes Y sind als Opportunitätskosten in die Kostenfunktion einzubeziehen.

- Berechnung der Opportunitätskosten für die pro Einheit des Produktes Z verdrängte Menge des Produktes Y

$$\frac{140 \, \text{€} / \text{St.}}{2,8 \, \text{Std.} / \text{St.}} \cdot 2 \, \text{Std.} / \text{St.} = 100 \, \text{€} / \text{St.}$$

- Aufstellen der Kostenfunktion des Zusatzauftrags bei Bearbeitung in Fertigungsstelle 2

$$K_2 = 65 \, \text{€} / \text{Std.} \cdot 2 \, \text{Std.} / \text{St.} \cdot x + 100 \, \text{€} / \text{St.} \cdot x + 1.800 \, \text{€}$$

– 3. Schritt: Überprüfung der relativen Vorteilhaftigkeit (Verfahrensvergleich):

Aufgrund der höheren fixen Kosten bei Bearbeitung in Fertigungsstelle 1 ist bei niedrigen Auftragsgrößen eine Bearbeitung in Fertigungsstelle 2 günstiger. Zu bestimmen ist die Auftragsgröße, ab der die Bearbeitung in Fertigungsstelle 2 vorteilhaft wird.

$$95 \, \text{€} / \text{St.} \cdot 1,5 \, \text{Std.} / \text{St.} \cdot x + 4.800 \, \text{€} = 65 \, \text{€} / \text{St.} \cdot 2 \, \text{Std.} / \text{St.} \cdot x + 100 \, \text{€} / \text{St.} \cdot x + 1800 \, \text{€}$$

$$x = 34,29 \, \text{St.}$$

Die Bearbeitung des Produktes Z in Fertigungsstelle 1 ist ab einer Auftragsgröße von 35 Stück günstiger als die Bearbeitung in Fertigungsstelle 2.

– 4. Schritt: Überprüfung der absoluten Vorteilhaftigkeit in Fertigungsstelle 1:

Zu berechnen ist die Auftragsgröße, ab der die Produktion des Produktes Z in Fertigungsstelle 1 kostendeckend ist.

$$95 \, \text{€} / \text{Std.} \cdot 1,5 \, \text{Std.} / \text{St.} \cdot x + 4.800 \, \text{€} = 180 \, \text{€} / \text{St.} \cdot x$$

$$x = 128 \, \text{St.}$$

Ab einer Auftragsgröße von 35 St. ist der Auftrag in Fertigungsstelle 1 zu bearbeiten. Da bei Bearbeitung in Fertigungsstelle 1 bei einer Auftragsgröße von 128 Stück die Gewinnschwelle erreicht wird und mindestens 300 Stück bestellt werden, kann der Auftrag angenommen werden.

Die Kostenspaltung für Fertigungsstelle 1 beruht auf Vergangenheitsdaten. Hier wäre zu prüfen, ob sich durch Veränderungen der Produktionsbedingungen die variablen Kosten verändert haben.

Aufgabe 8.4.3: Break-even-Analyse bei einem Engpass

Gegeben sind folgende Daten sowie das optimale Produktionsprogramm:

Produkt / Merkmale	Produkt 1	Produkt 2	Produkt 3	Produkt 4	Kapazität
Produktionskoeffizienten der Produktionsstufe A	4 Std./St.	6 Std./St.	5 Std./St.	8 Std./St.	800 Std.
Produktionskoeffizienten der Produktionsstufe B	6 Std./St.	7 Std./St.	4 Std./St.	3 Std./St.	1.600 Std.
Absatzobergrenze	80 St.	60 St.	90 St.	100 St.	
Variable Kosten	80 €/St.	75 €/St.	110 €/St.	130 €/St.	
Preis	100 €/St.	120 €/St.	140 €/St.	160 €/St.	
Optimales Produktionsprogramm		60 St.	88 St.		

Es geht ein Zusatzauftrag über das Produkt Y ein. Es wird von variablen Stückkosten von 180 €/St. und einem Stückpreis in Höhe von 300 €/St. ausgegangen. Für diesen Auftrag muss eine Anlage in Betrieb genommen werden. Die Kosten für die Inbetriebnahme dieser Anlage betragen 6.120 €. Eine Einheit des Produktes Y belastet Produktionsstufe A 8 Std. Soll der Auftrag angenommen werden?

Lösung 8.4.3: Break-even-Analyse bei einem Engpass

- 1. Schritt: Überprüfung der Kapazitätsrestriktionen bei Realisation des optimalen Produktionsprogramms:

Produktionsstufe A: $60\,\text{St.} \cdot 6\,\text{Std.}/\text{St.} + 88\,\text{St.} \cdot 5\,\text{Std.}/\text{St.} = 800\,\text{Std.} \Rightarrow$ Engpass

Produktionsstufe B: $60\,\text{St.} \cdot 7\,\text{Std.}/\text{St.} + 88\,\text{St.} \cdot 4\,\text{Std.}/\text{St.} = 772\,\text{Std.}$

Die Kapazität der Produktionsstufe A bildet einen Engpass. Um die für den Zusatzauftrag erforderlichen Kapazitäten zu schaffen, muss das optimale Produktionsprogramm angepasst werden.

- 2. Schritt: Berechnung der relativen Deckungsbeiträge und Bestimmung der Reihenfolge für die Elimination der Produkte:

$$\text{Produkt 2:} \quad rdB_2 = \frac{120\ \text{€}/\text{St.} - 75\ \text{€}/\text{St.}}{6\ \text{Std.}/\text{St.}} = 7,5\ \text{€}/\text{Std.} \quad (2)$$

$$\text{Produkt 3:} \quad rdB_3 = \frac{140\ \text{€}/\text{St.} - 110\ \text{€}/\text{St.}}{5\ \text{Std.}/\text{St.}} = 6\ \text{€}/\text{Std.} \quad (1)$$

Nach den berechneten relativen Deckungsbeiträgen wird Produkt 3 vor Produkt 2 verdrängt.

– 3. Schritt: Bestimmung der Break-even-Menge bei alleiniger Verdrängung von Produkt 3:

- Ermittlung der Auftragsgröße

  Bei ausschließlicher Verdrängung von Produkt 3 kann maximal eine Auftragsgröße von

  $$\frac{88\ \text{St.} \cdot 5\ \text{Std.} / \text{St.}}{8\ \text{Std.} / \text{St.}} = 55\ \text{St.}$$

  realisiert werden.

- Berechnung der Opportunitätskosten

  Für jede Einheit von Produkt Y, die produziert wird, werden Deckungsbeiträge des Produktes 3 in Höhe von

  $$\frac{140\ \text{€} / \text{St.} - 10\ \text{€} / \text{St.}}{5\ \text{Std.} / \text{St.}} \cdot 8\ \text{Std.} / \text{St.} = 48\ \text{€} / \text{St.}$$

  verdrängt (Opportunitätskosten).

- Bestimmung der Break-even-Menge

  Deckungsbeitrag des Produktes y = Auftragsgrößenfixe Kosten
  + durch Verdrängung des Produktes 3 entstehende Opportunitätskosten

  $\Leftrightarrow (300\ \text{€} / \text{St.} - 180\ \text{€} / \text{St.}) \cdot x = 6.120\ \text{€} + 48\ \text{€} / \text{St.} \cdot x$

  $\Leftrightarrow x = 85\ \text{St.}$

  Da durch die Verdrängung des Produktes 3 die Kapazitäten für höchstens 55 Stück des Produktes Y geschaffen werden können, ist diese Break-even-Menge nicht zulässig. Es müssen weitere Produkte aus dem optimalen Produktionsprogramm eliminiert werden.

– 4. Schritt: Bestimmung der Break-even-Menge bei vollständiger Verdrängung von Produkt 3 und Verdrängung von Produkt 2:

- Ermittlung der Auftragsgröße

  Bei Verdrängung der Produkte 3 und 2 können Kapazitäten für maximal

  $$55\,\text{St.} + \frac{60\,\text{St.} \cdot 6\,\text{Std.} / \text{St.}}{8\ \text{Std.} / \text{St.}} = 100\ \text{St.}$$

  des Produktes Y geschaffen werden.

- Berechnung der Opportunitätskosten

  Die zusätzlichen Opportunitätskosten pro produzierter Einheit von Produkt Y betragen bei einer Auftragsgröße ab 55 Stück durch Verdrängung von Mengen des Produktes 2

  $$\frac{120 \ \text{€} / \text{St.} - 75 \ \text{€} / \text{St.}}{6 \ \text{Std.} / \text{St.}} \cdot 8 \ \text{Std.} / \text{St.} = 60 \ \text{€} / \text{St.}$$

- Bestimmung der Break-even-Menge

  In die Berechnung der Break-even-Menge müssen die Deckungsbeiträge, die durch Elimination des Produktes 3 bereits verdrängt worden sind, als fixe Kosten einbezogen werden.

  Deckungsbeitrag des Produktes y = Auftragsgrößenfixe Kosten + durch Elimination des Produktes 3 verursachte Opportunitätskosten + durch Verdrängung des Produktes 2 entstehende Opportunitätskosten

  $$(300 \ \text{€} / \text{St.} - 180 \ \text{€} / \text{St.}) \cdot x = 6.120 \ \text{€} + 48 \ \text{€} / \text{St.} \cdot 55 \ \text{St.} + 60 \ \text{€} / \text{St.} \cdot (x - 55 \ \text{St.})$$

  $$\Leftrightarrow x = 91 \ \text{St.}$$

  Da durch die Verdrängung des Produktes 2 die Kapazitäten für 100 St. des Produktes y geschaffen werden können, ist die Auftragsgröße von 91 Stück zulässig.

Der Auftrag ist ab einer Auftragsgröße von 91 Stück kostendeckend.

Aufgabe 8.4.4: Break-even-Analyse bei Mehrproduktaufträgen[1]

a) Ein Fischrestaurant bietet mehrere Fischgerichte an. Folgende Tabelle zeigt die Kosten und Umsätze für eine Woche:

Umsatz	8.400 €
Materialeinzelkosten (gesamt)	4.620 €
Energiekosten (gesamt)	840 €
Personalkosten (gesamt)	1.020 €
Abschreibungen auf das Gebäude	1.380 €

Der durchschnittliche Verkaufspreis pro Essen beträgt 12 €. Die Materialeinzelkosten sowie die Kosten für Energie können als variabel betrachtet werden und hängen von der Anzahl der verkauften Essen ab. Die Personalkosten weisen einen

---

1   vgl. Drury, Colin: Management and Cost Accounting. 4. Aufl., London u. a. 1996, S. 251.

Fixkostenbestandteil in Höhe von 600 € pro Woche auf. Die Abschreibungen auf das Gebäude sind fix. Berechnen Sie die Anzahl der Essen, die pro Woche verkauft werden muss, damit ein Gewinn von 900 € erzielt wird.

b) Da die Kapazitäten nicht ausgelastet sind, wird eine Ausweitung des Angebots erwogen. Folgende Alternativen bieten sich an:

- eine Salatbar und
- eine Karte mit Vollwertgerichten.

Die Plankosten und -erlöse einer Woche für diese beiden Alternativen zeigt die folgende Tabelle:

Merkmale / Alternative	Salatbar	Vollwertgerichte
Geschätzte Absatzmengen	720 Essen	200 Essen
Durchschnittlicher Verkaufspreis	4,80 €/St.	18,00 €/St.
Variable Kosten pro Essen	2,55 €/St.	13,98 €/St.
Alternativenspezifische Fixkosten	1.830,00 €	846,00 €

Die Absatzmengen der beiden Alternativen sind nicht genau bekannt. Es wird vermutet, dass die Absatzzahlen bis zu 20 % über oder unter den geschätzten Absatzzahlen liegen können. Zudem wird davon ausgegangen, dass die Ausweitung des Angebots die Kosten und Absatzmengen bei den Fischgerichten wie folgt beeinflusst:

- Durch die größeren Einkaufsmengen sinken die Materialeinzelkosten bei allen Fischgerichten um 0,30 €/St.
- Durch das erweiterte Angebot besucht eine größere Zahl von Kunden das Restaurant. Es wird davon ausgegangen, dass nach Einführung der Salatbar die Zahl der abgesetzten Fischgerichte um 10 % der abgesetzten Salatportionen ansteigt. Wird dagegen die Karte mit Vollwertgerichten eingeführt, steigen die Absatzzahlen bei den Fischgerichten um 5 % der abgesetzten Vollwertgerichte.
- Da die Zubereitung von Salaten sehr zeitaufwendig ist, sind nach Einführung der Salatbar die gesamten Personalkosten als fix zu betrachten.

Berechnen Sie für jede Alternative den zusätzlichen Gewinn, wenn die geschätzte Absatzmenge realisiert wird, und die Break-even-Menge. Wie soll sich der Restaurantbesitzer entscheiden?

Lösung 8.4.4: Break-even-Analyse bei Mehrproduktaufträgen

a) Bestimmung der Anzahl der Essen zur Erzielung eines Gewinns von 900 €

– Bestimmung der Anzahl der Essen aus dem Umsatz und dem durchschnittlichen Verkaufspreis

$$x = \frac{8.400\ €}{12\ €/St.} = 700\ St.$$

– Bestimmung der variablen Stückkosten:

	Materialeinzelkosten	4.620 € : 700 St. =	6,60 €/St.
+	Energiekosten	840 € : 700 St. =	1,20 €/St.
+	Personalkosten	(1.020 € – 600 €) : 700 St. =	0,60 €/St.
=	Summe		8,40 €/St.

– Bestimmung der Break-even-Menge für einen Gewinn von 900 €:

Deckungsbeitrag = Fixe Kosten + Mindestgewinn

$\Leftrightarrow (12\ €/St. - 8,40\ €/St.) \cdot x = 600\ € + 1.380\ € + 900\ €$

$\Leftrightarrow x = 800\ St.$

b) Bestimmung der zusätzlichen Gewinne und der Break-even-Mengen bei Ausweitung des Angebots

– Betrachtung der Alternative „Salatbar"

    • Bestimmung des zusätzlichen Gewinns

	Umsatz	4,80 €/St. · 720 St. =	3.456 €
–	Variable Kosten	– (2,55 €/St. · 720 St.) =	– 1.836 €
–	Alternativenspezifische Fixkosten		– 1.830 €
+	Veränderung der Materialeinzelkosten bei den Fischgerichten	0,30 €/St. · 700 St. =	210 €
+	Zusätzlicher Umsatz bei den Fischgerichten	12 €/St. · 72 St. =	864 €
–	Zusätzliche variable Kosten bei den Fischgerichten	– (6,60 €/St. – 0,30 €/St. + 1,20 €/St.) · 72 St. =	– 540 €
=	Summe		324 €

- Bestimmung der Break-even-Menge

  Deckungsbeitrag "Salatbar" + zusätzliche Deckungsbeiträge für die Fischge-richte = Alternativenspezifische Fixkosten "Salatbar" − Senkung der Mate-rialeinzelkosten bei den Fischgerichten + Zunahme der fixen Personalkosten

  $\Leftrightarrow (4,80 \ \text{€}/\text{St.} - 2,55 \ \text{€}/\text{St.}) \cdot x + 0,1 \cdot x \cdot (12,00 \ \text{€}/\text{St.} - 6,30 \ \text{€}/\text{St.} - 1,20 \ \text{€}/\text{St.})$

  $= 1.830 \ \text{€} - 210 \ \text{€} + 420 \ \text{€}$

  $\Leftrightarrow x = 755,56 \ \text{St.}$

- Betrachtung der Alternative „Vollwertgerichte"

  - Bestimmung des zusätzlichen Gewinns

Umsatz	18,00 €/St. · 200 St. =	3.600 €
− Variable Kosten	− 13,98 €/St. · 200 St. =	− 2.796 €
− alternativenspezifische Fixkosten		− 846 €
+ Veränderung der Materialeinzelkosten bei den Fischgerichten	0,30 €/St. · 700 St. =	210 €
+ Zusätzlicher Umsatz bei den Fischgerichten	12 €/St. · 10 St. =	120 €
− Zusätzliche variable Kosten bei den Fischge-richten	− (6,30 €/St. + 1,20 €/St. + 0,60 €/St.) · 10 St. =	− 81 €
= Summe		207 €

- Bestimmung der Break-even-Menge

  Deckungsbeitrag "Vollwertgericht" + zusätzliche Deckungsbeiträge für die Fischgerichte = Alternativenspezifische Fixkosten "Vollwertgerichte" − Senkung der Materialeinzelkosten bei den Fischgerichten

  $\Leftrightarrow (18,00 \ \text{€}/\text{St.} - 13,98 \ \text{€}/\text{St.}) \cdot x$

  $+ 0,1 \cdot x \cdot (12,00 \ \text{€}/\text{St.} - 6,30 \ \text{€}/\text{St.} - 1,20 \ \text{€}/\text{St.} - 0,60 \ \text{€}/\text{St.}) = 846 \ \text{€} - 210 \ \text{€}$

  $\Leftrightarrow x = 144,22 \ \text{St.}$

Mit der Salatbar wird ein höherer zusätzlicher Gewinn erzielt. Die Break-even-Menge liegt bei dieser Alternative über der geschätzten Absatzmenge, jedoch noch unter der maximalen Absatzmenge. Kostendeckung kann mit dieser Alternative deshalb nur bei einer guten Absatzentwicklung erreicht werden. Bei den Vollwertgerichten ist der zusätzliche Gewinn niedriger, hier liegt jedoch die Break-even-Menge unterhalb der minimalen Absatzmenge von 160 St. Mit dieser Alternative kann deshalb Kostendeckung erreicht werden. Unter Sicherheitsge-sichtspunkten sollte daher die Alternative „Vollwertgerichte" gewählt werden.

Aufgabe 8.4.5: Break-even-Analyse bei Mehrproduktaufträgen

In einer Unternehmung liegt ein Auftrag über zwei Sorten Fruchtsaft vor. Die Absatzmengen der beiden Sorten liegen noch nicht endgültig fest. Folgende Daten sind gegeben:

Sorte / Merkmale	Sorte 1	Sorte 2
Variable Stückkosten	6 €/hl	18 €/hl
Stückpreis	12 €/hl	30 €/hl
Erwartete Absatzmengen	800 hl	1.200 hl
Fixe Kosten	18.750 €	

Ermitteln Sie den Break-even-Umsatz. Warum ist der Break-even-Umsatz für diese Entscheidung nur begrenzt aussagefähig?

Lösung 8.4.5: Break-even-Analyse bei Mehrproduktaufträgen

– Bestimmung des Break-even-Umsatzes ($\hat{U}$)

$$\hat{U} = \frac{K_f}{\overline{dq}}$$

$\Rightarrow \overline{dq}$ = durchschnittliche Deckungsbeitragsquote

$$= \frac{\text{durchschnittlicher Deckungsbeitrag}}{\text{Durchschnittspreis}}$$

$$\Rightarrow \overline{dq} = \frac{(12 \ \text{€}/\text{hl} - 6 \ \text{€}/\text{hl}) \cdot 800 \ \text{hl} + (30 \ \text{€}/\text{hl} - 18 \ \text{€}/\text{hl}) \cdot 1.200 \ \text{hl}}{12 \ \text{€}/\text{hl} \cdot 800 \ \text{hl} + 30 \ \text{€}/\text{hl} \cdot 1.200 \ \text{hl}}$$

$$= \frac{19.200 \ \text{€}}{45.600 \ \text{€}} \approx 0{,}42$$

$$\Rightarrow \hat{U} = \frac{K_f}{\overline{dq}} = \frac{18.750 \ \text{€}}{0{,}42} \approx 44.643 \ \text{€}$$

– Interpretation des Break-even-Umsatzes

Werden die prognostizierten Mengen von 800 hl der Sorte 1 und 1.200 hl der Sorte 2 abgesetzt, ist der Auftrag kostendeckend. Der Break-even-Umsatz liegt jedoch nur knapp unter dem erwarteten Umsatz von 12 €/hl · 800 hl + 30 €/hl · 1.200 hl = 45.600 €. Ob Kostendeckung erreicht wird, hängt von der gesamten Absatzmenge und dem Absatzmix ab. Das soll im Folgenden gezeigt werden.

- Break-even-Menge bei konstantem Absatzmix und Sorte 1 als Leitprodukt, d. h., $x_2 = 3/2\, x_1$

$$12\,\text{€/hl} \cdot x_1 + \frac{3}{2} \cdot 30\,\text{€/hl} \cdot x_1 = 6x_1 + \frac{3}{2} \cdot 18\,\text{€/hl} \cdot x_1 + 18.750\,\text{€}$$

$$x_1 = 781,25\,\text{hl}$$

$$x_2 = \frac{3}{2} \cdot 781,25\,\text{hl} = 1.171,875\,\text{hl}$$

Sinken die Absatzmengen der Sorten 1 und 2 um 19 hl bzw. 29 hl, wird keine Kostendeckung erreicht.

- Break-even-Absatzmix bei konstanter Absatzmenge

Zu berechnen ist das Absatzmengenverhältnis der beiden Sorten bei einer konstanten Absatzmenge von 2.000 hl, d. h. $x_1 + x_2 = 2.000$ hl

$$12\,\text{€/hl} \cdot (2.000\,\text{hl} - x_2) + 30\,\text{€/hl} \cdot x_2$$
$$= 6\,\text{€/hl} \cdot (2.000\,\text{hl} - x_2) + 18\,\text{€/hl} \cdot x_2 + 18.750\,\text{€}$$
$$x_2 = 1.125\,\text{hl}$$
$$x_1 = (2.000\,\text{hl} - 1.125\,\text{hl}) = 875\,\text{hl}$$

Das Break-even-Absatzmix liegt damit bei 7 : 9 bzw. 2 1/3 : 3. Kostendeckung kann auch bei einer Absatzmenge von 2.000 hl nicht erreicht werden, wenn der Anteil der Sorte 1 am Auftragsvolumen von 40 % auf über 43 % ansteigt.

Der Break-even-Umsatz ist hier für die Entscheidungsunterstützung ungeeignet, da dabei von einem konstantem Mischungsverhältnis ausgegangen wird. Besser geeignet wäre die Berechnung des Break-even-Umsatzes bei pessimistischem und optimistischem Absatzmix.

Aufgabe 8.4.6: Break-even-Umsatz

In einer Unternehmung geht ein Mehrproduktauftrag ein. Es sind weder die Absatzmengen der drei Produktarten bekannt, noch das Verhältnis, in dem die drei Produktarten nachgefragt werden. Für den Mehrproduktauftrag liegen die folgenden Daten vor:

Produkt / Merkmale	Produkt 1	Produkt 2	Produkt 3
Prognostizierte Absatz-höchstmenge	100 St.	120 St.	60 St.
Variable Stückkosten	25 €/St.	100 €/St.	20 €/St.
Preis	50 €/St.	120 €/St.	80 €/St.
Stückdeckungsbeitrag	25 €/St.	20 €/St.	60 €/St.
Fixe Kosten	6.300 €		

Sollte der Auftrag angenommen werden, wenn ein Absatz von mindestens 23.000 € erwartet wird?

Lösung 8.4.6: Break-even-Umsatz

Die Entscheidung über einen Mehrproduktauftrag mit unbekannter Auftragszusammensetzung kann durch die Berechnung eines Intervalls unterstützt werden, das durch den Break-even-Umsatz bei optimistischer und pessimistischer Auftragszusammensetzung begrenzt ist. Die optimistische (pessimistische) Auftragszusammensetzung ist dadurch gekennzeichnet, dass die prognostizierten Mengen der Produkte mit den höchsten (niedrigsten) Deckungsbeitragsquoten geordnet werden.

– 1. Schritt: Ermittlung der Deckungsbeitragsquoten:

• Produkt 1: $\hat{d}_1 = \dfrac{db_1}{p_1} = \dfrac{25\,€/St.}{50\,€/St.} = 0,5$

• Produkt 2: $\hat{d}_2 = \dfrac{db_2}{p_2} = \dfrac{20\,€/St.}{120\,€/St.} = 0,1667$

• Produkt 3: $\hat{d}_3 = \dfrac{db_3}{p_3} = \dfrac{60\,€/St.}{80\,€/St.} = 0,75$

– 2. Schritt: Berechnung des Break-even-Umsatzes für den optimistischen Fall:

• Ermittlung der kumulierten Deckungsbeiträge und Umsätze in der Reihenfolge abnehmender Deckungsbeitragsquoten

Produkt	DB	$\sum$ DB	U	$\sum$ U
3	60 St. · 60 €/St. = 3.600 €	3.600 €	80 €/St. · 60 St. = 4.800 €	4.800 €
1	25 St. · 100 €/St. = 2.500 €	6.100 €	100 €/St. · 50 St. = 5.000 €	9.800 €
2	20 St. · 120 €/St. = 2.400 €	8.500 €	120 €/St. · 120 St. = 14.400 €	24.200 €

* Berechnung des Break-even-Umsatzes

Mit den Produkten 3 und 1 werden Deckungsbeiträge in Höhe von 6.100 € und ein Umsatz von 9.800 € erzielt. Um zur Deckung der Fixkosten in Höhe von 6.300 € zu gelangen, müssen mit Produkt 2, das die niedrigste Deckungsbeitragsquote aufweist, weitere Umsätze erzielt werden. Diese müssen so hoch sein, dass Deckungsbeiträge in Höhe der noch nicht gedeckten fixen Kosten von 6.300 € − 6.100 € = 200 € erzielt werden.

$$\hat{U}_0 = 9.800 \, € + \frac{6.300 \, € - 6.100 \, €}{0,1667} \approx 11.000 \, €$$

- 3. Schritt: Berechnung des Break-even-Umsatzes für den pessimistischen Fall:
  * Ermittlung der kumulierten Deckungsbeiträge und Umsätze in der Reihenfolge zunehmender Deckungsbeitragsquoten

Produkt	DB	$\sum$ DB	U	$\sum$ U
2	2.400 €	2.400 €	14.400 €	14.400 €
1	2.500 €	4.900 €	5.000 €	19.400 €
3	3.600 €	8.500 €	4.800 €	24.200 €

* Berechnung des Break-even-Umsatzes

$$\hat{U}_0 = 19.400 \, € + \frac{6.300 \, € - 4.900 \, €}{0,75} \approx 21.267 \, €$$

Da der Mindestumsatz von 23.000 € den Break-even-Umsatz bei pessimistischer Auftragszusammensetzung übersteigt, kann der Auftrag angenommen werden.

Aufgabe 8.4.7: Break-even-Analyse bei Mehrproduktaufträgen[1]

Eine Unternehmung erwägt die Anmietung einer Fabrikhalle zur Fertigung der zwei Produkte x und y. Folgende Daten liegen vor:

Merkmale / Produkt	Produkt x	Produkt y
Erwartete Absatzmenge	4.000 Stück	2.000 Stück
Periodenerlöse	80.000 €	100.000 €
Variable Material- und Fertigungskosten der Periode	60.000 €	62.000 €

---

1 In Anlehnung an Drury, Colin: Management & Cost Accounting. 5. Aufl., London u. a. 2000, S. 277.

Fixe Fertigungsgemeinkosten der Periode	27.900 €
Fixe Verwaltungsgemeinkosten der Periode	3.600 €

Es liegen keine Informationen über die Absatzmengen vor.

a) Führen Sie für folgende Fälle eine Break-even-Analyse durch:

 • nur Produkt x wird abgesetzt,

 • Produkt x und Produkt y werden im Verhältnis 4:1 abgesetzt,

 • Produkt x und Produkt y werden abgesetzt und das Absatzverhältnis ist unbekannt.

Gehen Sie darauf ein, wie sich die Unternehmung jeweils entscheidet.

b) Den Daten liegt die Annahme einer manuellen Produktion zugrunde. Es kann auch ein computergestützter Fertigungsprozess realisiert werden. Letzterer reduziert die variablen Fertigungskosten um 15 % und erhöht die fixen Fertigungskosten um 12.000 €. Ab welcher Menge sollte von der manuellen zur computergestützten Produktion übergegangen werden, wenn die Produkte x und y im Verhältnis 4:1 produziert werden?

Lösung 8.4.7: Break-even-Analyse bei Mehrproduktaufträgen

a) Bestimmung der Break-even-Mengen für verschiedene Produktionsmengen von x und y

Bevor die Break-even-Analyse durchgeführt werden kann, sind zunächst die Stückpreise und die variablen Stückkosten zu bestimmen:

 • Berechnung der Stückpreise

$$p_x = \frac{80.000 \ €}{4.000 \ \text{St.}} = 20 \ €/\text{St.} \qquad p_y = \frac{100.000 \ €}{2.000 \ \text{St.}} = 50 \ €/\text{St.}$$

 • Berechnung der variablen Stückkosten

$$k_v^x = \frac{60.000 \ €}{4.000 \ \text{St.}} = 15 \ €/\text{St.} \qquad k_v^y = \frac{62.000 \ €}{2.000 \ \text{St.}} = 31 \ €/\text{St.}$$

Auf dieser Basis können nun die Break-even-Mengen für die verschiedenen Situationen bestimmt werden:

 • Nur Produkt x wird abgesetzt:

$$20 \ €/\text{St.} \cdot x = 15 \ €/\text{St.} \cdot x + 27.900 \ € + 3.600 \ €$$
$$\Leftrightarrow x = 6.300 \ \text{St.}$$

Die Break-even-Menge liegt über der erwarteten Absatzmenge von 4.000 Stück, d. h. mit der erwarteten Absatzmenge können die Kosten nicht gedeckt werden.

- Absatz von x und y im Verhältnis 4:1:

Bei bekannter Auftragszusammensetzung kann die mehrvariable Break-even-Analyse in eine einvariable Break-even-Analyse überführt werden. Dazu werden die Mengen der einzelnen Produkte in Abhängigkeit von der Menge eines Leitproduktes angegeben. Wird das Produkt x als Leitprodukt herangezogen, ergibt sich die Menge des Produktes y wie folgt:

$$y = \frac{1}{4} \cdot x \, .$$

Die Break-even-Menge kann damit wie folgt ermittelt werden:

$$(20 \, € / \mathrm{St.} + \frac{1}{4} \cdot 50 \, € / \mathrm{St.}) \cdot x = (15 \, € / \mathrm{St.} + \frac{1}{4} \cdot 31 \, € / \mathrm{St.}) \cdot x + 27.900 \, € + 3.600 \, €$$

$$x = 3.231 \, \mathrm{St.}$$

$$y = \frac{1}{4} \cdot 3.231 \, \mathrm{St.} = 808 \, \mathrm{St.}$$

Die Break-even-Mengen liegen unter den erwarteten Absatzmengen von 4.000 Stück und 2.000 Stück, sodass die Unternehmung bei diesem Absatzverhältnis produzieren sollte.

- Unbekannter Absatzmix

Bei unbekannter Auftragszusammensetzung ist ein Intervall von Break-even-Umsätzen zu bestimmen, das durch die Umsätze begrenzt ist, die bei optimistischer und pessimistischer Auftragszusammensetzung jeweils zur Kostendeckung führen. Die optimistische (pessimistische) Auftragszusammensetzung ist dadurch gekennzeichnet, dass die Produkte mit den höchsten (niedrigsten) Deckungsbeitragsquoten mit ihren Höchstmengen geordnet werden.

- 1. Schritt: Bestimmung der Deckungsbeitragsquoten und der Reihenfolge der Produkte:

$$\text{Deckungsbeitragsquote} = \frac{\text{Stückdeckungsbeitrag}}{\text{Stückpreis}}$$

$$\text{Produkt x: } \hat{d}_x = \frac{db_x}{p_x} = \frac{5 \, € / \mathrm{St.}}{20 \, € / \mathrm{St.}} = 0,25 \qquad (2)$$

$$\text{Produkt y: } \hat{d}_y = \frac{db_y}{p_y} = \frac{19 \, € / \mathrm{St.}}{50 \, € / \mathrm{St.}} = 0,38 \qquad (1)$$

– 2. Schritt: Bestimmung des Break-even-Umsatzes bei optimistischer Auftragszusammensetzung:

• Ermittlung der kumulierten Deckungsbeiträge und Umsätze in der Reihenfolge abnehmender Deckungsbeitragsquoten

Produkt	Deckungs-beitrag	Kumulierter Deckungs-beitrag	Umsatz	Kumulierter Umsatz
y	38.000 €	38.000 €	100.000 €	100.000 €
x	20.000 €	58.000 €	80.000 €	180.000 €

• Berechnung des Break-even-Umsatzes

Der Deckungsbeitrag der erwarteten Absatzmenge des Produktes y reicht aus, die fixen Kosten in Höhe von 27.900 € + 3.600 € = 31.500 € zu decken. Der Break-even-Umsatz bei optimistischer Auftragszusammensetzung lautet damit über:

$$\hat{U}_{opt} = \frac{31.500\,€}{0,38} \approx 82.895\,€$$

– 3. Schritt: Bestimmung des Break-even-Umsatzes bei pessimistischer Auftragszusammensetzung:

• Ermittlung der kumulierten Deckungsbeiträge und Umsätze in der Reihenfolge abnehmender Deckungsbeitragsquoten

Produkt	Deckungs-beitrag	Kumulierter Deckungs-beitrag	Umsatz	Kumulierter Umsatz
x	20.000 €	20.000 €	80.000 €	80.000 €
y	38.000 €	58.000 €	100.000 €	180.000 €

• Berechnung des Break-even-Umsatzes

Der Deckungsbeitrag der erwarteten Absatzmenge des Produktes x reicht nicht aus, die fixen Kosten in Höhe von 31.500 € zu decken. Zur Fixkostendeckung ist durch Produkt y noch ein Deckungsbeitrag von 31.500 € – 20.000 € = 11.500 € zu erzielen. Hierzu müssen noch

$$\frac{11.500\,€}{19\,€/St.} = 606\,St.$$

von Produkt y abgesetzt werden. Der Break-even-Umsatz bei pessimistischer Auftragszusammensetzung beträgt damit:

$$\hat{U}_{opt} = 80.000\,\text{€} + \frac{31.500\,\text{€} - 20.000\,\text{€}}{0,38} \approx 110.263\,\text{€}.$$

Damit ergibt sich ein Umsatzintervall von [82.895 €; 110.263 €]. Liegt der erwartete Umsatz unter dem Break-even-Umsatz bei optimistischer Auftragszusammensetzung, sollte die Unternehmung den Auftrag ablehnen. Dagegen kann die Unternehmung den Auftrag annehmen, wenn der erwartete Umsatz über dem Break-even-Umsatz bei pessimistischer Auftragszusammensetzung liegt. Wird ein Umsatz innerhalb des Intervalls erwartet, ist die Entscheidung über die Annahme des Auftrags mit einem Absatzrisiko verbunden.

b) Verfahrensvergleich

Die Stückpreise bleiben unverändert; es ergeben sich andere variable und fixe Kosten:

- Berechnung der Stückpreise

$$p_x = \frac{80.000\,\text{€}}{4.000\,\text{St.}} = 20\,\text{€/St.} \qquad p_y = \frac{100.000\,\text{€}}{2.000\,\text{St.}} = 50\,\text{€/St.}$$

- Berechnung der variablen Stückkosten

$$k_v^x = 0,85 \cdot 15\,\text{€/St.} = 12,75\,\text{€/St.} \qquad k_v^y = 0,85 \cdot 31\,\text{€/St.} = 26,35\,\text{€/St.}$$

- Berechnung der fixen Kosten

$$K^f = 31.500\,\text{€} + 12.000\,\text{€} = 43.500\,\text{€}$$

Da die Auftragszusammensetzung bekannt ist, kann die Break-even-Analyse in eine einvariablige Analyse mit dem Leitprodukt x überführt werden. Aufgrund der höheren fixen Kosten der computergestützten Produktion ist die manuelle Produktion bei kleinen Produktionsmengen vorteilhafter. Es ist die Produktionsmenge des Leitproduktes zu bestimmen, bei der die Alternativen Kosten in gleicher Höhe verursachen:

$$(15\,\text{€/St.} + \frac{1}{4} \cdot 31\,\text{€/St.}) \cdot x + 31.500\,\text{€} = (12,75\,\text{€/St.} + \frac{1}{4} \cdot 26,35\,\text{€/St.}) \cdot x + 43.500\,\text{€}$$

$$x = 3.517\,\text{St.}$$

$$y = 3.517\,\text{St.} \cdot \frac{1}{4} = 879\,\text{St.}$$

Bis zu einer Menge des Produktes x von 3.517 St. und des Produktes y von 879 St. ist die manuelle Produktion vorteilhafter. Übersteigt die Auftragsgröße diese Werte, sollte auf die computergestützte Produktion übergegangen werden.

Aufgabe 8.4.8: Break-even-Analyse bei bekannter und unbekannter Auftragszusammensetzung[1]

Bodo Pfiffig plant eine Sportgala in der Olympia Halle. Die Olympia-Halle fasst maximal 50.000 Besucher. Es wird davon ausgegangen, dass 40.000 Eintrittskarten verkauft werden können. Es können drei Kategorien von Eintrittskarten angeboten werden:

Kategorie	Anteil an der Gesamtkapazität	Anteil an den verkauften Eintrittskarten	Preis pro Platz
Logenplätze	10 %	10 %	50 €/St.
Sitzplätze	70 %	70 %	25 €/St.
Stehplätze	20 %	20 %	10 €/St.

Die Miete der Olympia-Halle beträgt für einen Abend 100.000 €. Der Einsatz eines privaten Sicherheitsdienstes verursacht Kosten in Höhe von 30.000 €. Für die Bereitschaft der Polizei ist eine Zahlung in Höhe von 1,00 € pro Besucher zu leisten. Für die Bestuhlung der Halle fallen 20.000 € an, für die Reinigung 80.000 €. Zudem ist mit Instandsetzungskosten für Beschädigungen in Höhe von 2,00 € pro Besucher zu rechnen. Für eine Versicherung sind darüber hinaus noch 10.000 € zu bezahlen. Für die Sportler sind Reisekosten in Höhe von 100.000 € aufzuwenden. Die Mitwirkenden erhalten ein Honorar in Höhe von insgesamt 400.000 €, darüber hinaus müssen 10 % der Karteneinnahmen an die mitwirkenden Sportler ausgeschüttet werden. Für den Betrieb mehrerer Imbissstände in der Halle sind Standmieten in Höhe von 100.000 € fällig. Die Kosten für die Lebensmittel werden auf 3,00 € pro Besucher geschätzt. Es wird damit gerechnet, dass an den Imbissständen ein Erlös in Höhe von 8,00 € pro Besucher erzielt wird.

a) Sollte die Sport-Gala durchgeführt werden?

b) Die Durchsicht der Abschlussberichte früherer Sportveranstaltungen ergibt, dass die Anteile der Kartenkategorien an den verkauften Eintrittskarten sehr starken Schwankungen unterliegen und nicht geschätzt werden können. Analysieren Sie das Projekt unter den geänderten Bedingungen.

---

1 In Anlehnung an Kaplan, Robert S. und Anthony A. Atkinson: Advanced Management Accounting. 2. Aufl., Englewood Cliffs (N.J.) 1989, S. 51 f.

Lösung 8.4.8: Break-even-Analyse bei bekannter und unbekannter Auftragszusammensetzung

a) Einvariablige Break-even-Analyse bei bekanntem Absatzmix

- Bestimmung der fixen Kosten

	Miete	100.000 €
+	Sicherheitsdienst	30.000 €
+	Bestuhlung	20.000 €
+	Reinigung	80.000 €
+	Versicherung	10.000 €
+	Reisekosten	100.000 €
+	Honorar	400.000 €
+	Standmieten	100.000 €
=	Summe	840.000 €

- Bestimmung der variablen Kosten pro Besucher

	Polizei		1,00 €
+	Instandsetzung		2,00 €
+	Lebensmittel		3,00 €
+	Honorar	$0,1 \cdot (0,1 \cdot 50 \text{ €} + 0,7 \cdot 25 \text{ €} + 0,2 \cdot 10 \text{ €}) =$	2,45 €
=	Summe		8,45 €

- Bestimmung der Stückerlöse

	Verpflegung		8,00 €
+	Karten	$0,1 \cdot 50 \text{ €} + 0,7 \cdot 25 \text{ €} + 0,2 \cdot 10 \text{ €} =$	24,50 €
=	Summe		32,50 €

- Bestimmung der Break-even-Menge

$$32,50 \text{ €/St.} \cdot x = 8,45 \text{ €/St.} \cdot x + 840.000 \text{ €}$$

$$\Leftrightarrow x \approx 34.927 \text{ St.}$$

Es müssen mindestens 34.927 Eintrittskarten verkauft werden, damit die variablen und fixen Kosten gerade gedeckt werden. Da davon ausgegangen wird, dass 40.000 Eintrittskarten verkauft werden können, sollte die Sportgala durchgeführt werden.

b) Break-even-Analyse bei unbekanntem Absatzmix

Da der Absatzmix unbekannt ist, wird der Break-even-Umsatz für den optimistischen und den pessimistischen Absatzmix berechnet. Dazu sind zunächst die Deckungsbeiträge und die Deckungsbeitragsquoten der einzelnen Kategorien zu bestimmen.

- Berechnung der variablen Stückkosten für die einzelnen Kategorien von Eintrittskarten

  Kategorie 1: $k_{v1} = 1\,€ + 2\,€ + 3\,€ + 0,1 \cdot 50\,€ = 11,00\,€$

  Kategorie 2: $k_{v2} = 1\,€ + 2\,€ + 3\,€ + 0,1 \cdot 25\,€ = 8,50\,€$

  Kategorie 3: $k_{v3} = 1\,€ + 2\,€ + 3\,€ + 0,1 \cdot 20\,€ = 8,00\,€$

- Bestimmung der Deckungsbeitragsquoten:

Kategorie	1	2	3
Preis pro Karte (p) + Verpflegung	58 €/St.	33 €/St.	18 €/St.
Variable Stückkosten k_v	11 €/St.	8,50 €/St.	8,00 €/St.
Stückdeckungsbeitrag (db)	47,00 €	24,50 €	10,00 €
Deckungsbeitragsquote ($\hat{d} = \dfrac{db}{p}$)	0,81	0,74	0,55
Maximal verfügbare Karten	5.000	35.000	10.000

- Bestimmung des Gesamtdeckungsbeitrags/Umsatzes und des kumulierten Gesamtdeckungsbeitrags/Umsatzes pro Kategorie bei **optimistischem** Absatzmix:

Kategorie	Gsamt-deckungs-beitrag	Kumulierter Gesamtdeckungs-beitrag	Umsatz	Kumulierter Umsatz
1	235.000 €	235.000 €	290.000 €	290.000 €
2	857.500 €	1.092.500 €	1.155.000 €	1.445.000 €
3	100.000 €	1.192.500 €	180.000 €	1.625.000 €

Um die fixen Kosten in Höhe von 840.000 € zu decken, müssen folgende Mengen verkauft werden:

Kategorie 1: 5.000 St.

Kategorie 2: $\dfrac{840.000\ € - 235.000\ €}{24,50\ €/\text{St.}} \approx 24.694$ St.

bzw. muss folgender Umsatz erzielt werden:

$$\hat{U} = 290.000 \ € + \dfrac{\dfrac{840.000 \ € - 235.000 \ €}{24,50 \ €/\text{St.}}}{33 \ €/\text{St.}} \approx 1.104.898 \ €$$

- Bestimmung des Gesamtdeckungsbeitrags/Umsatzes und des kumulierten Gesamtdeckungsbeitrags/Gesamtumsatzes pro Kategorie bei **pessimistischem** Absatzmix:

Kategorie	Gesamt-deckungsbei-trag	Kumulierter Ge-samtdeckungs-beitrag	Umsatz	Kumulierter Umsatz
3	100.000 €	100.000 €	180.000 €	180.000 €
2	857.500 €	957.500 €	1.155.000 €	1.335.000 €
1	235.000 €	1.192.500 €	290.000 €	1.625.000 €

Um die fixen Kosten in Höhe von 840.000 € zu decken, müssen folgende Mengen verkauft werden:

Kategorie 3: 10.000 St.

Kategorie 2: $\dfrac{840.000 \ € - 100.000 \ €}{24,50 \ €/\text{St.}} \approx 30.204$ St.

bzw. muss folgender Umsatz erzielt werden:

$$\hat{U} = 1.800.000 \ € + \dfrac{\dfrac{840.000 \ € - 100.000 \ €}{24,50 \ €/\text{St.}}}{33 \ €/\text{St.}} \approx 2.796.735 \ €$$

Erwartet wird ein Umsatz von 32,50 € · 40.000 St. = 1.300.000 € (vgl. Teilaufgabe a). Da dieser Umsatz über dem Break-even-Umsatz bei optimistischem jedoch unter dem Break-even-Umsatz bei pessimistischem Absatzmix liegt, ist die Durchführung der Sportgala mit einem bestimmten Absatzrisiko verbunden.

»Grundlegend, hilfreich, bewährt.«

Hans Corsten
Produktionswirtschaft
Einführung in das industrielle
Produktionsmanagement

11., vollst. überarb. Aufl. 2007 | XIX, 647 S. | gebunden
€ 39,80 | ISBN 978-3-486-58298-7
Lehr- und Handbücher der Betriebswirtschaftslehre,
(Reihenherausgeber: Hans Corsten)

Dieses Lehrbuch gibt dem an produktionswirt-
schaftlichen Fragestellungen interessierten
Studenten eine Einführung in das industrielle
Produktionsmanagement. Neben den Grundlagen
der Produktionswirtschaft werden Aspekte der
Produktionsprogramm-, Potential- und Prozess-
gestaltung und darüber hinaus verschiedene
Integrative Ansätze diskutiert.

**Das Buch richtet sich sowohl an Studenten des
Grundstudiums als auch an diejenigen, die im
Rahmen einer speziellen Betriebswirtschaftslehre
im Hauptstudium produktionswirtschaftliche
Problemstellungen vertiefen möchten.**

**Insbesondere im Rahmen einer Klausurvorberei-
tung ist es als Nachschlagewerk sehr nützlich.
Zudem sind die umfangreichen Quellenangaben
für einen tieferen Einstieg in bestimmte Sachverhalte äußerst hilfreich.**

O. Univ.-Prof. Dr. habil. Hans
Corsten ist seit September 1995
Inhaber des Lehrstuhls für
Produktionswirtschaft an der
Universität Kaiserslautern.

Oldenbourg

»Das Standardlehrbuch.«

Günter Bamberg, Franz Baur, Michael Krapp
Statistik

13., überarb. Aufl. 2007 | X, 342 S | gebunden
€ 19,80 | ISBN 978-3-486-58188-1
Oldenbourgs Lehr- und Handbücher der
Wirtschafts- u. Sozialwissenschaften

In bewährter Weise werden in diesem Lehrbuch
grundlegende Begriffe und Verfahren in der
Statistik durch Beispiele erläutert und können
anhand von Aufgaben zur Selbstkontrolle »erprobt«
werden. Entsprechende Lösungen sind separat am
Ende des Buches zu finden.

Der Lehrbuchinhalt umfasst die deskriptive Statistik, die Wahrscheinlichkeitsrechnung und die induk-
tive Statistik. Darüber hinaus geben die Autoren
einen Ausblick auf weitere wichtige Teilgebiete der
Statistik wie etwa Prognoserechnung, Ökonometrie,
multivariate Verfahren, statistische Entscheidungs-
theorie und statistische Software.

Zur Lektüre dieses einführenden Werks sind die
Vorkenntnisse in mathematischer Propädeutik
ausreichend, die in allen wirtschafts- und sozialwis-
senschaftlichen Fakultäten im Grundstudium
vermittelt werden.

Prof. Dr. Dr. h.c. Günter Bamberg ist Inhaber des
Lehrstuhls für Statistik der Universität Augsburg.

PD Dr. Franz Baur ist Akademischer Direktor am
Lehrstuhl für Statistik, Ökonometrie und
Operations Research der Universität Augsburg.

PD Dr. Michael Krapp ist Akademischer Oberrat am
Lehrstuhl für Statistik der Universität Augsburg.

Oldenbourg

International Management

Eberhard Dülfer

International Management in Diverse Cultural Areas

Internationales Management in unterschied-lichen Kulturbereichen

1999 | 1.052 S. | 64 Abb. | gb.
€ 54,80 | ISBN 978-3-486-25205-7
Global Text

- Basics.
- Long-term Fields of Operation for International Management.
- The Process of Internationalization.
- Business Systems Used Abroad.
- How to Consider the Unfamiliar Environment: The Core Problem of international Management.
- Influences of the Global Environment on Management, Labor and Consumption Behavior in Host Countries.
- Particularities of the Interactional Relationship in Foreign Business from the Perspective of the Decision Maker (Manager).
- Challenges for the Manager Abroad.

- Grundlagen.
- Langfristig aktuelle Operationsfelder des Internationalen Managements.
- Die Internationalisierung der Unternehmung.
- Auslands- Geschäftssysteme.
- Berücksichtigung des fremden Umfeldes als Kernproblem des Internationalen Managements.
- Einflüsse der globalen Umwelt auf das Führungs-, Arbeits- und Konsumverhalten in Gastländern.
- Besonderheiten der Interaktionsbeziehungen im Auslandsgeschäft aus der Sicht des Entscheidungsträgers (Manager).
- Anforderungen an den Auslandsmanager.

Professor Dr. Dr. h.c. Eberhard Dülfer war von 1967 bis 1991 geschäftsführender Direktor des Instituts für Kooperation in Entwicklungsländern an der Universität Marburg.

Oldenbourg